大众体育系列

排球

郭永祥◎编

合肥工业大学出版社
HEFEI UNIVERSITY OF TECHNOLOGY PRESS

图书在版编目（CIP）数据

排球/李方江编．—合肥：合肥工业大学出版社，
2016.8（2021.7重印）
（大众体育系列）
ISBN 978-7-5650-2885-4

Ⅰ.①排…　Ⅱ.①李…　Ⅲ.①排球运动-青少年读物
Ⅳ.①G842-49

中国版本图书馆CIP数据核字（2016）第164458号

排　　球

李方江　编　　　　责任编辑　王钱超

出　版	合肥工业大学出版社	版　次	2016年8月第1版
地　址	合肥市屯溪路193号	印　次	2021年7月第3次印刷
邮　编	230009	开　本	710毫米×1000毫米　1/16
电　话	总　编　室：0551－62903038	印　张	10.5
	市场营销部：0551－62903198	字　数	194千字
网　址	www.hfutpress.com.cn	印　刷	安徽芜湖新华印务有限责任公司
E-mail	hfutpress@163.com	发　行	全国新华书店

ISBN 978-7-5650-2885-4　　　　定价：35.00元

前 言

排球在我国属于优势的竞技项目，中国女排的“五连冠”曾经激发了整整一代人的拼搏精神，至今还被人常常提起。排球运动形式多样，受到各个年龄层次人们的喜爱，它又具有健身、观赏、娱乐、教育等多种功能价值。

《排球》介绍了排球运动的起源、发展、特点、基本技术、快乐速成等内容，内容体现了如下特色：

1. 图文并茂，让青少年更形象、更轻松理解每一个技术动作，变抽象的文字解释为形象的图片展示，有助于提高学生的学习兴趣。

2. 加强了快乐速成练习。本书针对技术学习采用快乐入门的方法，图文并茂，讲述了简单、易行、有趣的速成途径。

3. 精选知名排球运动员给学生进行介绍，介绍他们取得的荣誉及其感人事迹，为中小学生树立良好的学习榜样，提高他们参加排球运动的兴趣。

4. 补充了运动生理卫生及健康常识部分。针对排球运动过程中可能出现的运动损伤，介绍了有效的预防措施及其简单的治疗方法，这对学生安全、可持续参与排球运动以及技能的提高，都具有重要意义。

5. 增加了技术动作的英文名称。学生在学习排球动作的同时，能够知道该动作的英文名称，丰富了学生的专业英语词汇。

青少年是国家的未来、民族的希望，他们身心健康、人格健全是每一个家长和老师的愿望,也是素质教育所追求的重要目标。我们将把此书献给广大青少年,衷心地希望本书能够提高他们参与排球运动的兴趣,使他们体验到排球运动的快乐,为他们的学习生活增添一道亮丽的风景线。

目　录

第一章　排球运动概述 …………………………………… (1)

第一节　起源、沿革及奥运发展史 ……………………… (1)

第二节　排球运动的特点 ……………………………… (7)

第三节　排球运动发展态势 …………………………… (10)

第二章　排球运动基本技术 ………………………………… (13)

第一节　发球——SERVICE …………………………… (13)

第二节　垫球——DIG …………………………………… (26)

第三节　传球——SET …………………………………… (37)

第四节　扣球——SPIKE ………………………………… (47)

第五节　拦网——BLOCK ……………………………… (58)

第三章　排球运动基本战术 ………………………………… (63)

第一节　阵容配备 ……………………………………… (63)

第二节　集体进攻战术 ………………………………… (65)

第三节　集体防守战术 ………………………………… (69)

第四章　排球运动快乐速成途径 …………………………… (74)

第一节　发球技术快乐速成途径 ……………………… (74)

第二节　垫球技术快乐速成途径 …………………………………（80）
第三节　传球技术快乐速成途径 …………………………………（85）
第四节　扣球技术快乐速成途径 …………………………………（90）
第五节　拦网技术快乐速成途径 …………………………………（96）
第六节　集体攻防技战术练习范例 ……………………………（100）

第五章　娱乐排球运动形式 ………………………………………（105）
第一节　不同制式的排球竞赛形式 ……………………………（105）
第二节　气排球 ……………………………………………………（108）
第三节　软式排球 …………………………………………………（109）

第六章　排球运动综合知识 ………………………………………（111）
第一节　运动价值 …………………………………………………（111）
第二节　排球运动的几大国际赛事 ……………………………（112）
第三节　排球运动名人简介 ……………………………………（125）
第四节　排球运动的不同流派和打法 …………………………（131）
第五节　排球运动欣赏 ……………………………………………（133）

第七章　排球运动生理卫生与健康常识 …………………………（136）

第八章　排球运动竞赛组织与裁判工作 …………………………（140）
第一节　排球运动竞赛组织 ……………………………………（140）
第二节　排球运动的主要规则 …………………………………（144）

附　录 ………………………………………………………………（160）
专业词汇中英文对照表 …………………………………………（160）
参考文献 ……………………………………………………………（162）

第一章

排球运动概述

排球运动经历了百年的变革与发展，已成为一项深受人们喜爱的体育运动。作为“三大球”之一的排球运动随着国际排联的不懈探索、改革，竞技水平不断提升，充分体现了“更高、更快、更强”的奥运精神。同时，通过大力推广，国际排联已拥有220个会员国，成为世界上最大的单项运动协会。

第一节　起源、沿革及奥运发展史

一、排球运动的起源

1895年，美国马萨诸塞州霍利沃克城基督教青年会干事威廉·G·摩根发明了排球。他在辅导成年男子进行体育锻炼的过程中，意识到针对不同年龄阶段的对象应该采用不同的锻炼方法。但是当时开始流行起来的篮球运动更适合于年轻人，对于年纪稍大的人来讲，篮球运动过于激烈。因此，需要选择一种运动量适当、运动强度适中的运动来满足年龄大一些的人的需要。

图1-1　威廉·G·摩根
排球运动创始人

当时并没有与排球运动相似的体育运动项目供威廉·G·摩根参

考，他凭借在基督教青年会体育馆中实施的体育锻炼方法以及实践经验发明了排球运动。在描述第一次试验的时候，摩根说："在选择合适的运动项目的过程中，我突然想到了网球。但是这个运动需要球拍、球、球网和其他一些器材，因此把它排除掉了，但是我觉得拥有球网是个不错的想法。因此我们把球网升到6英尺6英寸（1.98米）的高度，正好在常人头顶上面。然后让人们将篮球胆隔着网来回拍打。但是篮球胆太轻，飞行速度太慢，后来改用篮球又太大、太重。"最后，摩根请司保丁体育用品公司制造出周长为25～27英寸（63.5～68.6厘米），质量为9～12盎司（252～336克）规格的球，经过试验效果非常不错，因此决定采用这种球。

这种运动形式最初被取名为"小网子"。1896年，观看了在斯普林菲尔德体育专科学校"小网子"比赛，并听取摩根的讲解后，阿尔佛雷德·T·哈尔斯特教授根据该运动的特点提议将"小网子"改名为"空中飞球"。

图1-2　最初的"小网子"运动

二、排球运动的发展

排球运动1900年左右从美国传入加拿大，1905年传入古巴、巴西等国家，1912年传入乌拉圭，1914年传入墨西哥，成为当时风靡美洲的一项时尚运动。1914～1918年第一次世界大战期间，美国士兵将排球运动带到法国、意大利、苏联、波兰等国家，使排球运动在这些国家流传开来并得到广泛开展。1905 年,排球运动传入我国。首先是在广东和香港开展,以后陆续传到上海和北京等地,当时人们只是将排球运动作为娱乐项目,比赛较少。

排球运动在 1964 年成为奥运会的正式比赛项目。

20 世纪 20 年代,在美国加利福尼亚诞生了沙滩排球运动。随着比赛水平的不断提高,沙滩排球运动由娱乐活动逐渐发展成为集娱乐和竞技于一体的运动项目。1996 年被列为奥运会正式比赛项目。

排球运动 100 多年来的发展历程大致分为娱乐排球、竞技排球、现代排球 3 个阶段。

(一)娱乐排球阶段(1895 ~1946 年)

最初,排球运动作为娱乐活动,人们在球网两侧来回拍击球,以不使球在本方落地为乐趣,其技术含量较低。

在不断的实践中,人们的思想由不使球在本方落地,逐渐转变为想方设法使球落到对方场地。因此出现了富于进攻性的扣球技术。拦网技术也应运而生。排球运动的攻防对抗性逐渐显露出来。

1921 ~1938 年,为了适应排球技术的发展,人们对排球规则进行了一系列的修改和完善。人们在能较为熟练地运用发球、传球、扣球和拦网技术的基础上,开始有意识、有目的地组织战术配合。场上出现了位置分工。到了 20 世纪 30 年代末和 40 年代,集体拦网的出现促使大力扣球与吊球相结合的打法产生,并形成与之相适应的拦网保护战术体系。

图 1 -3　1911 年马里兰基督教青年会排球比赛

此阶段排球运动的特点是从娱乐性逐渐向竞技性方向发展,基本完成攻防技术的分化。没有统一的国际排球运动组织、统一的竞赛规则和统一的竞赛制度。

（二）竞技排球阶段（1947 年～20 世纪 70 年代末）

1946 年 8 月 26 日，法国、捷克斯洛伐克和波兰 3 国排球代表在布拉格召开会议，倡议成立国际排球联合会。1947 年 4 月 18 日～20 日，在巴黎召开了有 17 个国家的排协代表参加的大会，正式成立了国际排球联合会（FIVB），总部设在巴黎（现总部设在瑞士洛桑）。会议选举法国人保尔·黎伯为第一任主席，1984 年退休。之后由墨西哥人阿科斯塔担任国际排联主席，任职到 2008 年。2008 年 8 月 24 日，中国的魏纪中先生当选为国际排联主席。2012 年 9 月 22 日，巴西人阿里·格拉萨当选为新任国际排联主席。

图 1－4　1947 年国际排联成立大会

图 1－5　国际排联第一任主席保尔·黎伯

图 1－6　国际排联徽标

图 1－7 曾任国际排联主席阿科斯塔

图 1－8 曾任国际排联主席魏纪中

国际排联的成立标志着排球运动从娱乐活动时代进入了竞技运动时代。成立后，国际排联成功地领导和组织了一系列世界大赛，主要有 1949 年开创的世界男子排球锦标赛、1952 年开创的世界女子排球锦标赛、1964 年开始的奥运会排球比赛、1965 年开创的世界杯男子排球比赛、1973 年开创的世界杯女子排球比赛、1977 年开创的世界青年排球锦标赛等。

此阶段排球运动的特点是竞技排球技战术产生了质的飞跃，各流派打法鲜明，群雄纷争。

（三）现代排球阶段（20 世纪 80 年代至今）

自 20 世纪 80 年代，排球运动进入了现代排球阶段。现代排球包括全攻全守排球，社会化、商业化、职业化排球及“大排球”观 3 个内涵。

1. 全攻全守排球

20 世纪 80 年代中国女排的“五连冠”和美国男排的“四连霸”标志着排球运动技战术及其指导思想的革命。他们的辉煌是历史的必然。中国女排确立了“建立一支具有高度、攻防兼备的全面型队伍”的训练思想。美国男排提出了“高度、速度和全面”的等边三角形均衡发展学说。他们的共同点是全攻全守的整体排球思想。

全攻全守的排球思想要求运动队和运动员必须全面发展，包括攻防技术的全面，战术打法的全面，运动员体能、心智等各种素质的全面。

图 1－9 “五连冠”时期的中国女排

图 1－10 “四连霸”时期的美国男排

2. 排球的社会化、商业化、职业化

在 1984 年国际排联代表大会上，富有开拓精神的墨西哥人阿科斯塔被选举为国际排联主席。他的目标就是把排球运动发展成为世界上最受欢迎的运动项目之一。在他的领导下，国际排联逐步将排球运动推向社会，为社会所接受。国际排联顺应潮流，以一系列明智的改革之举成功将排球运动推向了市场。世界男排联赛和世界女排大奖赛成功的商业运作，取得了巨大的社会效益和经济效益，是排球运动走向市场的典范。

意大利走在排球职业化道路的前沿。20 世纪 80 年代末开始的意大利排球职业联赛使意大利男女排水平突飞猛进。通过几年的发展，意大利排球职业联赛已建立了完善体系，成为其他各国学习的榜样。

现代排球运动技战术的高水平发展为排球的社会化、商业化、职业化提供了前提。同时，排球的社会化、商业化、职业化又大大促进了排球运动的发展。

图 1－11 意大利排球联赛现场

3.“大排球”观

由于排球运动在国际上的影响力不断扩大,国际排联的队伍也空前壮大,到目前为止,会员国已经发展到220个,是世界上最大的单项运动协会。国际排联在普及和推广室内6人排球的同时,通过开展各种形式的排球运动开发排球人口,取得了较好的效果。软式排球、气排球、迷你排球等,在学校体育和全民健身中被广泛采用。

图1－12　国际排联在非洲开展全球推广计划

第二节　排球运动的特点

一、形式多样

排球运动深受广大群众喜爱。由于排球运动员完成各种技术动作都是球在空中飞行时完成,因而相对于篮球、足球而言,对场地的要求相对较低。因此人们在日常生活中利用各种场地开展不同形式的排球运动,如沙滩排球、雪地排球、水中排球、泥地排球、草地排球、公园排球等。根据球的不同,又有软式排球、气排球、迷你排球等。比赛方法、比赛规则也可以根据不同的情况而变通,如人数可多可少,可同性别比赛,也可以男女混合组队等。

图 1－13　沙滩排球

图 1－14　水中排球

图 1－15　泥地排球

图 1－16　草地排球

图 1－17　公园排球

图 1－18　软式排球

图 1－19　气排球

图 1－20　小学生迷你排球

二、技巧性强

由于排球运动员完成各项技术动作的时间短促，对运动员技术的精细程度要求较高，因此排球运动的技巧性较强。技巧性较强是排球运动的魅力所在，但也是排球运动发展道路上不可避免的难题之一。排球界有句话：“三年成形，五年成材，八年成器。”要想练成精湛的技术必须需要长期刻苦的训练和比赛经验的积累。

图 1－21　排球技巧(一)

图 1－22　排球技巧(二)

图 1－23　排球技巧(三)

图 1－24　排球技巧(四)

三、隔网对抗

排球比赛双方在各自的场区完成技战术，两队队员之间没有直接的身体对抗。在这样的情况下，各队通过发挥自身技战术水平以及抑制对方技战术水平发挥而争取胜利。因此隔网攻防比拼是排球比赛引人入胜的关键。

图 1－25　隔网对抗

四、团队协作

排球是一项集体运动项目，在比赛中充分体现了团队协作的精神。在技巧性强、隔网攻防对抗的排球运动中，一个队的胜利离不开其他成员的共同努力和配合，团队协作格外重要。

图 1－26　团队协作

第三节　排球运动发展态势

现代排球高度、力量、速度的全面发展促进了技战术的多样化发展。

发球技术方面，男排将发球作为强有力的进攻手段，达到直接得分或最大程度破坏对方接发球效果的目的。因此，男排以跳发球为主，辅以飘球，特别是跳飘球。由于身体素质方面的差距，女排队员难以像男排队员一样普遍发展跳发球，因此，当今女排以跳飘球为主，一部分身体素质较好的队员跳发球。值得一提的是，跳飘球升高了击球点，过网弧度低平，增大了接发球难度，有逐渐增大在发球技术中所占比例的趋势。

图 1－27　跳飘球

接发球和防守技术方面，由于取消了在第一次击球时同一个动作的连击犯规，接发球和防守技术动作越来越多样化。如屈肘垫球、拍击球、拳击球、掌挡球、脚踢球等等。传球技术动作大量运用于接发球和防守，提高了对球的控制能力。现代排球扣球力量大和速度快，预判能力和移动取位等无球技术的重要性突显出来。

图 1－28 倒地翘腕救球

扣球技术方面，力量和速度将继续扮演重要角色，但是由于拦网技术的发展和高度的增加，扣球时手腕的变化更加灵活，轻打、巧打、抹球、高压吊球等技术逐渐在比赛普遍起来。立体进攻打法的日趋完善促进后排扣球技术的发展，近网后排扣球技术和后排半高球、快球技术使之与前排快球掩护关系更加紧凑，进攻速度更快。

图 1－29 大力扣球

拦网技术方面，一方面攻击性大大加强，如屋檐式拦网，手伸过网口距离对方攻手击球点更近，最大程度上封堵球的路线。另一方面，其他一些拦网技术也开始在比赛中被有意识地运用，如单手拦网，矮个队员以有效拦网为目的的翻腕拦网，等等。

图 1－30　屋檐式拦网

战术方面，从当今世界排坛各支强队近年来的发展可以看出，各队战术思想在保持自身特点的基础上都融合了世界各流派的先进思想，不再单一追求高、单一追求快、单一追求力量。亚洲球队在保持“快、变、灵”风格的前提下，在选材上更加偏向于身高更高的运动员，以使其增强在与欧美高大队员比赛中的网上实力。欧美球队在保持高度和力量优势的前提下，通过增加快攻比例，提高后排防守的质量，进一步提升自身实力。

图 1－31　欧美球队快攻

第二章

排球运动基本技术

排球运动包括发球、垫球、传球、扣球和拦网5大基本技术。这些技术主要由步法和手法组成。本章将着重介绍各项技术的动作方法，以直观的方式使广大青少年朋友建立正确的技术动作概念。技术运用策略部分为读者提供了基本的实战经验。

第一节 发球——SERVICE

一、概述

发球是发球队员站在发球区，抛球并用单手或手臂将球直接发入对方场地的击球方法。发球也是排球运动的基本技术之一。同其他排球技术相比，它是不受他人影响的一项技术。

现代排球的比赛中，攻击性发球需要很快的速度、难以预测的飞行路线、准确的落点和很大的力量。这种发球在比赛中发挥着非常重要的作用。它能破坏对手战术配合，减少对方的攻击力，因此能减轻本方防守和拦网队员的压力，并为防守反击创造有利条件，也可给每一个接发球队员施以很大的心理压力并直接得分。无攻击性的发球将导致本方拦网与防守的被动局面。

一名优秀的发球队员具有稳定的心理素质，非常强的上体和手臂力量、协调性、观察能力和训练有素的个人战术和技巧。

二、发球类别

如果按照动作方法分类，主要有下手发球、上手发飘球、上手发旋转球、跳发球。

图2－1　下手发球

图2－2　上手发飘球

图2－3　上手发旋转球

三、一般特征和动作方法

动作方法以右手发球为例。

（一）下手发球——Underhand Serve

1. 一般特征

下手发球更多的用于娱乐排球。由于这种发球在比赛中有许多来回球，使比赛变得更容易而有趣。对于大多数初学者而言，下手发球简单易学不易失误，所以是推荐给中小学生的一项基本技术。

图2-4　下手发球

2．动作方法

(1)准备姿势

发球队员面对球网，左脚站在右脚前一点的位置，身体重心在后，两膝微微弯曲，左手将球持于腰部，右肩前方约60厘米(图2-5)。

图2-5　准备姿势

(2)抛球

左手向上抛球，在身体右上方约20～30厘米(图2-6)。

图2-6　抛球

(3)挥臂发力

抛球的同时，发球队员右臂大幅度后摆动，然后向前方的球挥动，挥臂过程中，重心从后脚移至前脚(图2－7)。

图2－7　挥臂发力

(4)击球部位和手法

发球队员可以掌根、手腕或握拳内侧击球中下部。

(5)跟随动作

击球后，手臂向球的方向做小幅度伴送动作(图2－8)。

图2－8　跟随动作

(二)上手发旋转球——Overhand Spin Serve

1. 一般特征

上手发旋转球是一种在肩部以上将球击打到对方场区的发球。发球队员还必须使球产生快速下落的飞行路线,击球臂需要非常准确的挥击。这种发球对女生或力量弱、不够协调的男生比较困难。

图 2-9　上手发旋转球

2. 动作方法

(1)准备姿势

以右手发球队员为例,队员面对球网,两脚分开站立。左脚置于右脚前一点的位置。左手持球于腹前,两眼注视前方(图 2-10)。

图 2-10　准备姿势

(2)抛球

把球抛到头前上方约1.5米的高度(图2－11)。

图2－11　抛球

(3)挥臂发力

抛球的同时身体右转,使左肩指向球网,身体后倾成反弓形状,重心置于右腿,右臂弯曲,手张开放在头后。当球下落时,身体转向球的方向,并带动右臂挥动甩直,然后重心随即移动于前脚(图2－12)。如果想提高速度,发球队员必须在球下落时快速迅猛击球。

图2－12　挥臂发力

(4)击球点和击球手法

发球队员在右肩前上方最高点击球。先是掌根接触球,然后整个手掌包裹球,向前上方滚动推压,使其产生前旋(图2－13)。

图 2－13　击球点和击球手法

（三）上手发飘球——Overhand Floater Serve

1. 一般特征

上手飘球在空中飞行时不旋转。当接近接球队员时，球体左右晃动，使接球队员难以预测落点，是一种有效的发球。在各种水平的比赛中，上手飘球被广泛使用。

2. 动作方法

图 2－14　上手飘球

(1)准备姿势

发球队员左手持球约肩高,面对球网,两脚分开站立,左脚稍前,重心均匀分布于两脚(图 2 – 15)。

图 2 – 15　准备姿势

(2)抛球

左手将球抛入空中,位于右肩前上方约 1 米高度(图 2 – 16)。

图 2 – 16　抛球

(3)挥臂发力

球被抛离的同时,右臂向后拉,充分伸展手臂,当球开始下落时,在直线方向上突然加速挥击(图 2 – 17)。

图 2 – 17　挥臂发力

(4)击球部位和手法

手掌保持竖立紧张、手指并拢，手腕在挥击过程中不可弯曲，用手掌根平面击球后中下部，触球时，击球力量必须通过球体重心以防止旋转。

(5)跟随动作

在击球后有突停动作(图 2－18)。

图 2－18　击球后突停

(四)跳发球——Jump Serve

1. 一般特征

跳发球是发球队员采用扣球助跑的动作，跳起后将球击入对方场地的一种技术。由于该发球动作可使发球队员肢体在空中充分伸展，所以能使其发出更大的力量，并使球有较低飞行路线，从而增大接发球难度。跳发球也是现代排球赛中最有效、最有攻击性的一种发球。

图 2-19 跳发球

2. 动作方法

(1)准备姿势

发球队员持球面对球网站立,距底线 3~5 米处(图 2-20)。

图 2-20 准备姿势

(2)抛球

由击球手将球抛于右肩前上方,高度约离地面 3~5 米,球落下的位置应在底线附近(图 2-21)。

图 2-21 抛球

(3)助跑

发球队员在抛球后开始朝向球助跑,助跑和起跳方法同扣球(图2 -22)。

图2－22　助跑

(4)空中动作

跳起后,身体开始成反弓状,右肩抬起,然后在球下落时,上体朝着球的方向迅猛转动,带动右臂向前上方包打击球(图2 -23)。

图2－23　空中动作

(5)击球点和击球部位

在跳起的最高点,右肩前上方最高点充分伸展手臂以手掌击球中下部,然后全掌裹住球,手指朝前上方用力推压(图2 -24)。

图 2－24　空中击球

（6）落地

击球后右臂顺势朝身体下方摆动，双脚同时着地，两膝弯曲（图 2 －25）。

图 2－25　落地

四、发球的 4 要素

各种发球动作都有区别，但无论发球者要用哪种发球，必须遵循以下 4 个技术要点：

第一，抛球平稳。

第二，以正确手法击准球的相应部位。

第三，击球方法必须正确。

第四，击球用力得当。

五、发球运用战术

发球队员应力争破坏对方一传效果，发球得分并为反攻创造有利条件。

（一）攻击性发球

发球队员应在成功前提下发出具有快速、大力旋转和低弧度飞行的球。

（二）将球发向对方弱区

①发向前场区4、3、2号位。

②发向底线附近1、5号位。

③发向两队员接发球责任区的接合部。

④发向对方空当。

（三）将球发向某些队员

①二传队员。

②接发球球差的队员。

③快攻队员。

④看上去紧张的队员。

⑤刚刚失误的队员。

⑥刚被换上场参加比赛的队员。

⑦应不断发给关键队员以令其筋疲力尽。

（四）根据临场局势发球

①本方得分困难，比分落后较多或遇对方连续得分时，要发攻击性强的球。

②本方连续发球失误，比赛进入关键时刻，发球时遇暂停、换人或本队拦网连连得分，以及对方弱环在前排时，不应有发球失误，同时发球须很准确。

第二节　垫球——DIG

一、概述

垫球是用前臂迎击球，是来球从手臂垫击面反弹出去的击球动作，比赛中它是第一次击球和进攻的基础。垫球是接发球、接扣球、接拦回球的主要技术，有时也用于组织进攻和处理传球。一攻中垫球效果好，是快速多变战术的保证，反攻中接扣球质量越好，扣球成功率就越高。一传到位，二传和攻手将保持稳定的心理。可见垫球在比赛发挥着重要的作用。

二、垫球分类

垫球按动作方法分类有正面垫球、侧垫、背垫、跨步垫球、前扑垫球、滚翻垫球、鱼跃垫球等。

图 2－26　垫球方法

三、一般特征和动作方法

（一）正面垫球——Front Dig

1．一般特征

正面垫球是最基本的垫球方法，也是接发球、接扣球的主要技术，按垫击不同速度来球可分3种正面垫球，即垫速度慢的来球、垫中等速度的来球、垫速度快的来球。

2．动作方法

（1）准备姿势

垫球队员两脚分开稍比肩宽，前后站立，重心在前并均匀分布在脚内侧，后脚跟提起，两臂置于腹前，身体重心高低由来球的高度、角度和队员的腿部力量决定，头部抬起、双眼注视来球，适当降低重心（图2－27）。

图2－27 准备姿势

(2)手型

有3种手型常用于垫球，一是抱拳式，二是叠掌式，三是互靠式(图2－28～图2－30)。

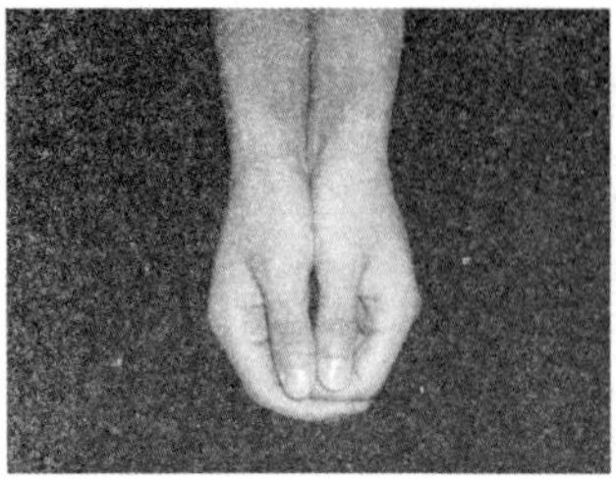

图2－28 抱拳式

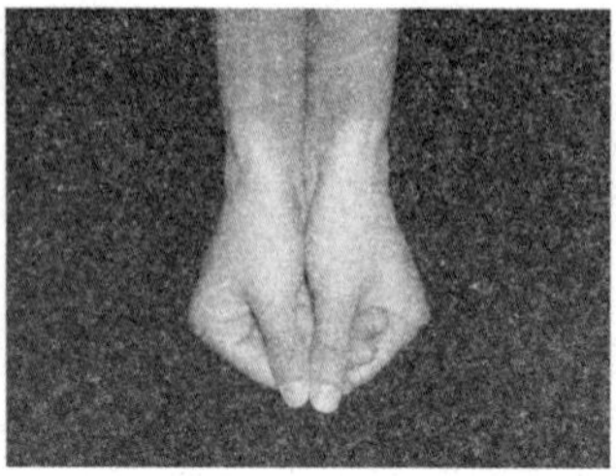

图2－29 叠掌式

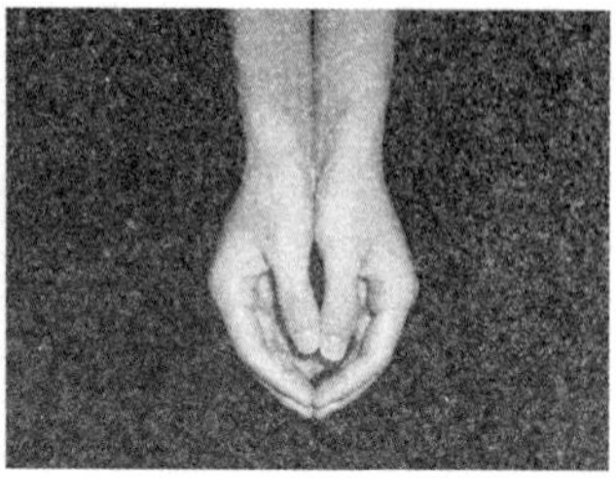

图2－30 互靠式

无论是用哪种手型，垫球队员都应向上提肩、两肘靠紧、伸直双臂，同时外旋使前臂的内侧呈平面(图2－31)。

图2－31 手臂动作

(3)击球点和触球部位

击球点位于腹前一臂距离(图2－32)。以前臂内侧部位击球，击球部位在手腕以上约10厘米处(图2－32；图2－33)。

图 2－32　击球点

图 2－33　触球部位

（4）身体动作

身体和手臂的动作取决于来球的速度和垫击球目标的距离。

①垫速度慢的来球。来球速度慢同时球又须垫得很远时，垫球队员就应移动脚步，双肘靠紧伸直，双臂外旋，使双臂置于球和地板之间，上体稍前倾，向前上方蹬起，主动将球垫起（图 2－34）。

图 2－34　垫速度慢的来球

②垫中等速度的来球。来球相对较快时，身体迎球动作要小，手臂适度放松，其他动作方法同垫慢速的来球（图 2－35）。

图 2－35　垫中等速度的来球

③垫速度很快的来球。来球速度很快时，队员必须通过含胸收腹，肘随球稍后撤，这样可延长触球时间，达到缓冲快速来球力量的效果，双臂在击球时不要上摆(图 2－36)。

图 2－36　垫速度快的来球

垫球队员在任何时候都要尽可能面对垫球目标或二传队员，垫球前及垫球过程中也要尽量盯住球，击球瞬间要用前臂控制球的方向和角度。

(二)侧垫球——Lateral Dig

1．一般特征

当队员难以精确地判断来球方向和落点，或者没有足够的时间完成正面垫球时，可以运用侧垫，这项技术在比赛中被广泛采用。

2．动作方法

以右侧垫球为例。

当来球飞向接球队员的右侧时，压低左脚，右脚向侧面跨一大步，并将重心移到右脚，膝关节弯曲，将手臂夹紧伸向右侧。左肩内转指向球的方向，手臂截住来球路线，通过收腹和手腕向左转动将球垫出（图2－37）。

图2－37　侧垫

（三）背垫——Backward Dig

1. 一般特征

背垫是垫球队员在垫球时背朝垫击目标的动作。这种垫球技术特点是垫击点相对较高。

2. 动作方法

首先，垫球队员预判球将飞向何处，飞多远，而后面对来球并迅速移动到球下；第二，背朝垫击目标，两肘靠拢，伸直插到球下方；第三，击球时，垫球队员脚要蹬地，向上提肩，抬头，身体后仰，通过手臂向后上方挥摆击球，垫底球时垫球队员要曲肘翘腕（图2－38）。

图 2－38　背垫

（四）跨步垫球——Stride Dig

1. 一般特征

跨步垫球是向前或向侧跨垫球的技术。该技术常用于接低球和离身体较远的来球。

2. 动作方法

垫球队员向前跨或侧跨出一大步，同时重心移至跨出的脚，上体前倾，臀部下沉，双臂向前伸出，插到球下并用前臂击球（图 2－39）。

图 2－39　跨步垫球

(五)前扑垫球——Sprawl Dig

1. 一般特征

当从侧面或前面的来球低远时,前扑经常用于在球落地前将其救起,该技术在男子和女子比赛中运用广泛,单双手均可用于前扑垫球。

2. 动作方法

队员保持较低重心,胸部向膝关节处前倾,前脚朝球的方向蹬出,伸直膝部,手臂前伸,用左或右手臂或双手触球(图 2－40)。

图 2－40　前扑垫球

(六)滚翻救球——Rolling Dig

1. 一般特征

当侧向来球急速下落时,垫球队员常用该技术救球,女子比赛中,滚翻垫球技术运用非常普遍,这是由于男子队员在身体失去平衡时更喜欢选择鱼跃救球。滚翻可使人体落地的力量被身体大面积吸收而得以缓冲。

2. 动作方法

以向右的滚翻为例，队员的右腿侧跨的同时左腿伸直，而后臂部下沉，胸部向膝外侧前倾。肘关节伸直以两臂或单手击球，触球后，队员的大腿外侧、臀部、背部和左肩依次着地，同时屈膝收腹折体，身体连续从左肩滚过，队员脚趾触地的同时，双手向正上方推起（图 2－41）。

图 2－41　滚翻救球

（七）鱼跃救球——Diving

1. 一般特征

当击球远离身体又较低时，为防止球着地，比赛中队员经常使用鱼跃救球，该技术在男子比赛中运用很多，由于女子队员手臂和肩部力量弱于男子，使用该技术就很困难。因此，鱼跃救球在女子比赛中很少运用。单双手均可用于鱼跃救球。

2. 动作方法

队员双腿分开站立约与肩宽，上体前倾，重心在前脚，两眼注视来球，起动鱼跃时队员要紧贴地板，整个身体前倾，向前移动。前脚用力蹬离地面，同时双手臂朝着球伸出，双眼盯住来球，用两臂或单手击球、触球后，队员朝向地板，抬头、屈双膝，腿和脚高于腹，使身体成反弓状，落地瞬间，应伸臂使身体缓冲下降，胸部着地的同时，向后划臂使身体向前滑动，然后尽快恢复到准备姿势（图 2－42）。

图 2－42　鱼跃救球

四、垫球的 6 字诀

垫球技术主要由脚下动作和手上动作构成，可以用 6 个字概括：脚下动作——移、蹬、跟；手上动作——插、夹、抬。

脚下动作：

移——快速移动到球的位置。

蹬——向前上方蹬地发力。

跟——脚步向前跟进。

手上动作：

插——手臂插入球下。

夹——两臂夹紧形成垫击平面。

抬——向前上方适度抬臂。

五、垫球运用战术

垫球主要运用于接发球、防守和困难情况下组织进攻。垫球是相对被动的技术动作，受对方击球效果的影响较大。因此，首先要想办法把球接起来，尽量减少失误。在这样的前提下再进一步提高接球的效果，为本方组织进攻创造良好的条件。在排球比赛中，垫球除了接发球、防守和困难情况下组织进攻外，队员也可以通过将球垫到对方的空当而得分。

（一）接发球

第一，接下手发球：这种球的特点是弧度高、下落的速度快。接这种发球的时候，要判断好落点，及时到位，手臂稍抬平，根据来球力量的大小，选择蹬地发力的大小。

第二，接一般飘球：这种球的特点是球速较慢，飘晃程度较轻。在接这种发球的时候，首先要判断好落点，迅速移动，及时到位，采用半蹲或低蹲准备姿势，重心降低，在球开始下落的时候将手臂插到球下，蹬地发力将球垫起。

第三，接平冲飘球：这种球的特点是弧度平、速度快、追胸。在接这种发球的时候，要升高身体的重心，将击球点保持在腹前。同时前臂要下压，以控制出球的角度。

第四，接大力发球：这种球的特点是力量大、速度快、旋转强。接这种发球的时候，要降低重心，采用低蹲的准备姿势，垫击的时候根据球的力量大小，身体不发力让球反弹，或撤力缓冲球的力量。

第五，接跳发球：与大力发球相比，这种球的特点是弧度平、速度更快、力量更大、旋转更强。接这种发球的时候，根据来球的高度，采用半蹲或低蹲准备姿势，垫击的时候通过含胸、收腹、手臂后撤来缓冲球的力量。

（二）防守

第一，接大力扣球：配合前排拦网，边判断边移动，合理取位，采用低蹲准备姿势垫球。

第二，接快球：由于快球速度快、落点靠前，因此防守队员的预判取位十分关键，并做好高球挡、低球垫的准备进行防守。

第三，接吊球和轻扣球：如果能提前判断吊球或轻扣球的话，快速移动到位，接这种球是很简单的。但是往往在比赛中，防守队员大部分精力放在防守对方大力扣球，因此对于这种节奏上的变化会感到很突然，可以更多采用前扑垫球、鱼跃救球来进行防守。

第三节　传球——SET

一、概述

传球是排球运动的一项基本技术。它是采用上手手指击球的动作方法。传球技术通常被一名称为“二传”的专职队员所运用，他通过上手传球将球输送给攻手，使其进攻。球应该被清晰地击出，如果二传队员没有将球击出，造成球被接住和抛出，即“持球”犯规。

二传是球队的灵魂。一支球队的攻击力取决于二传精确的传球。好的二传应该具备较好的反应能力，出众的控球技术，灵敏的头脑，沉着冷静的心理素质，等等。优秀的二传具有利用对方拦网弱点和本方进攻队员优势的能力，并能选择采用什么传球方式，将球传向什么位置。

二、传球的种类

按传球的方向，可分为正面传球、背传和侧面传球；按击球时的身体姿势，可分为跳传、低姿传球、单手传球、倒地传球和跑动传球，当一传不到位时，通常采用调整传球。

图 2-43　传球种类一

图 2-44　传球种类二

图 2-45　传球种类三

图 2-46　传球种类四

图 2-47　传球种类五

图 2-48　传球种类六

三、一般特征和动作方法

（一）正面传球——Front Set

1. 一般特征

正面传球是队员在触球时正对传球方向的传球动作。正面传球是最基本的传球技术，也是在比赛中运用得最多的传球技术。正面传球不仅用于组织进攻，而且也用于来球高于胸部时的接发球和防守。对于初学者来说，正面传球是最简单的传球技术，应当首先掌握好这个技术。

2. 动作方法

(1)准备姿势

当球被击起时，传球队员根据球的飞行路线，迅速地移动到球下，保持稳定和放松的姿势。双手置于脸前，两脚分开与肩同宽，一脚稍稍在前，膝关节弯曲，身体前倾(图 2－49)。

图 2－49　准备姿势

(2)手型

击球前，两手稍分开，腕关节稍后仰，手指张开，成半球型，这样的手型便于控球。肘关节外展，但不能太宽，关节角度为 90°。上臂与地面平行(图 2－50)。

图 2－50　手型

(3)击球点和手指触球部位

击球时,应该将击球点保持在额前上方约一个球距离的地方(图2－51)。把击球点保持在这个位置有两个好处:第一,它使传球队员便于观察来球;第二,它有利于传球队员传球时的发力。用拇指内侧,食指全部以及部分中指触球的后下部。无名指和小指协助拇指控制传球的方向(图2－52)。

图2－51　击球点

图2－52　手指触球部位

(4)身体动作

击球时,传球队员利用手指手腕缓冲来球的力量,然后将球弹出,膝关节和肘关节随球蹬地伸臂,重心移到前脚(图2－53)。

图2－53　身体动作

（二）背传——Back Set

1. 一般特征

背传是二传队员经常采用的传球技术。传球时，二传队员背对传球方向。虽然完成这种传球有一定的困难，但是它对球队有多方面的益处。第一，它将进攻点扩大到了场地的每个区域；第二，它能迷惑对方的拦网，从而使进攻更具威胁；第三，在困难的情况下，二传队员甚至可运用背传将球传给其身后全队最好的攻手。

2. 动作方法

背传的准备姿势和手型与正面传球相同。触球时，二传队员应将击球点保持在额上方，而不是在额前方（图2－54）。击球时，二传队员应蹬地、展腹、伸臂，头随手臂动作后仰，以便于观察球的飞行（图2－55）。

图2－54　击球点

图2－55　击球动作

（三）侧传——Lateral Set

1. 一般特征

侧传是二传队员背对球网将球侧向传出。侧传时,二传队员能够清楚地观察到接球队员和进攻队员,但是看不到拦网队员。由于拦网队员不能预判传球的方向,因此侧传具有更大的欺骗性。侧传被优秀的二传队员在比赛中采用,并且成为补充快攻战术中已发展成熟的技术。

2. 动作方法

以向右侧传球为例。二传队员背对球网,准备姿势和手型与正面传球动作相同,击球点偏向右侧,击球时膝关节、上身和手臂向右伸展,左臂的动作速度更快,幅度更大,出球后应看球的飞行(图 2 –56)。

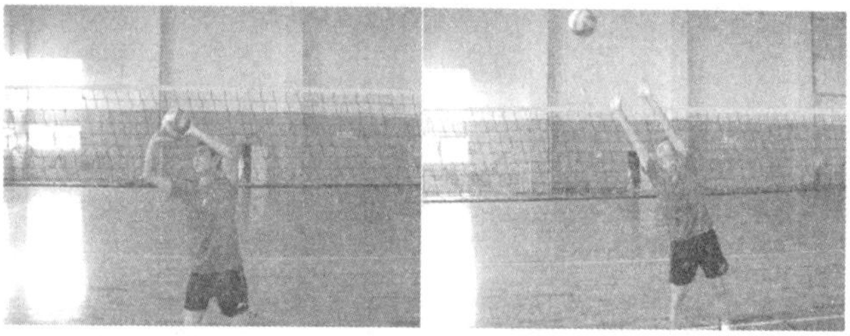

图 2 –56　侧传

(四)跳传——Jump Set

1. 一般特征

在当今的排球比赛中，优秀的二传队员经常采用跳起在空中传球的技术。由于二传队员跳起在空中时需要保持身体的平衡，因此，跳传技术难度较大。杰出的二传队员更是能通过跳传技术加快进攻节奏，并且能根据对方拦网的反应决定将球传出还是直接击入对方场地。

2. 动作方法

二传队员应垂直起跳，从而一方面能更好地保持身体平衡，另一方面获得最大的起跳高度。击球点应保持在跳起后的最高点。击球时，迅速伸臂，增强手指手腕的弹力，并可以向前、后、侧面传球，其手型和击球点与相对应的正面传球、背传、侧传相同。当球太靠网时，二传队员也可跳起单手传球(图 2－57)。

图 2－57　跳传(双手、单手)

(五)传快球——Quick Set

1. 一般特征

由于快攻要求二传和攻手之间的完美配合，因此，传快球技术通常在高水平比赛中被二传组织战术进攻时所采用。一般来说，为了使传球的准确性更高，二传和攻手会在传球前约定好快攻战术。

传快球分为3种，包括传低快球、传平快球和传半高球。

2. 动作方法

传快球时，二传队员应有良好的控球技术，并且了解攻手的特点，特别是攻手的助跑节奏、起跳点、扣球高度和挥臂速度。二传主要通过手臂、手腕和手指发力，并且提高击球点，这样能加快出手速度，因此获得时间和空间上的优势（图2－58）。

图2－58 传快球

（六）传调整球——Adjusting Set

1. 一般特征

在当今排球比赛中，随着跳发球技术的发展，一传到位越来越困难。在这种情况下，一传往往被接到后场区或界外，使二传队员难以组织起有效的战术进攻，因此，他只能通过调整传球将球传给攻手。调整传球要求二传队员有较好的移动能力和身体控制能力以便于及时地移动到位,并在击球时保持身体平衡。

2. 动作方法

调整传球不是一个相对固定的动作,而是一种多样性的传球动作。它可以是正面传球、背传、侧传、跳传、低姿传球等等。采用哪种传球动作和把球传给哪个攻手取决于球的位置、攻手的位置以及对方拦网的布局。最重要的是快速移动到球的位置。移动的同时,二传队员要决定将球传到什么位置,然后再选择一个合适的传球动作。和其他传球相比,调整传球的准备姿势更低,触球时手指手腕更加紧张,球出手时身体动作更加伸展,才能传出距离远、弧度高的球(图 2－59)。

图 2－59　调整传球

四、传球的 4 要点

传球技术有多种,但是每种传球技术都应该注意以下几个要点:

第一,快速移动到球下。

第二,控制好击球点。

第三,保持好手型。

第四,协调用力。

五、传球运用战术

二传应该了解攻手和拦网队员的优势和弱点,从而采取适当的传球战术,以达到直接得分的目的或为攻手进攻直接得分创造良好的条件。对于高水平二传来说,仅仅精通传球技术是不够的,除此之外,还必须会运用各种各样的传球战术。

(一)隐蔽传球

二传以相似的传球动作传出不同方向的球,使对方的拦网难以判断传球方向。一些优秀的二传传长距离球时并不屈膝,但是他们可以通过上身的动作补充力量,他们也可以通过缩短触球时间以蹲姿传快球。

(二) 晃传

当一传近网并高于网口时,二传跳起在空中以扣球动作吸引对方拦网队员,然后突然将球传给攻手,使攻手面对空网或单人拦网,从而较容易地将球扣死(图 2-60)。

图 2-60　晃传

(三)两次球

当一传近网并高于网口时,前排二传也可以跳起在空中以传球动作使对方拦网队员误认为他将把球传给攻手,当没有拦网队员跳起封网时,二传改传为扣或改传为吊,将球击入对方场区(图 2-61)。

图 2-61　两次球

（四）最高点传球

跳传时，二传在空中最高点以直臂传球，运用这种传球时二传应通过手指手腕发力。最高点传球能加快进攻的节奏，特别是快攻节奏（图2－62）。

图2－62 最高点传球

（五）战术传球

为了使攻手以更为有效的方式进攻，二传可以在比赛中采用各种战术传球，如传快球、传集中球、传拉开球、传后排进攻球等。

第四节 扣球——SPIKE

一、概述

扣球是排球运动的一项基本技术。它是队员高高跳起在空中，将高于球网的球有力地击入对方场区的击球方法。由于扣球是最富攻击性的技术，因此它是排球运动中最受欢迎的技术，大多数队员，特别是初学者，在打排球时最喜欢扣球。

扣球的专职队员叫攻手，他们的主要目的是将球击落到对方场区的地面上。扣球是最主要的得分手段，也是最有效的进攻武器，因此它在排球比赛中占有重要地位。一个精彩的扣球往往将整个球队带入高潮。

在当今的排球比赛中，扣球是赢得比赛的关键因素。一名优秀的攻手应该具备出色的身体素质,包括力量素质、弹跳素质以及速度素质。

二、扣球的种类

按进攻的节奏分为大力扣球和扣快球。大力扣球包括扣拉开球、扣集中球、扣远网球、扣调整球和后排进攻。扣快球包括扣低快球、扣平快球和扣半高球。从技术角度来看,以上提到的大部分扣球都属于正面扣球。

图 2 - 63　扣球的种类

三、一般特征和动作方法

动作方法以右手扣球为例。

(一) 正面扣球——Front Spike

1. 一般特征

正面扣球是最基本的扣球技术。大部分的攻手都采用这种扣球方法。由于扣球时面对球网,便于攻手观察来球和对方的防守阵形,因此扣球的准确性较高。正面扣球技术动作由助跑、起跳、空中击球和落地组成。大多数的其他扣球技术都是由正面扣球技术发展而来。对初学者来说,正面扣球是最简单的扣球技术,因此,他们必须首先掌握好正面扣球后再学习其他的扣球技术。

2. 动作方法

图 2-64 正面扣球

(1)准备姿势

攻手站在进攻线附近,采用稍蹲姿势,两手在体前自然弯曲。同时,观察传球,并做好向各个方向移动的准备(图 2-65)。

图 2-65 准备姿势

(2)助跑

以两步助跑为例。攻手左脚先向前迈一小步,紧跟着右脚跨出一大步，然后左脚及时并上，并踏在右脚之前。在跨右脚的同时，降低重心，并将重心保持在脚跟后，两臂向后摆动，并加快助跑速度（图 2－66）。

图 2－66　助跑

助跑起跳的 3 个重要因素：第一，步子由小到大；第二，重心由高到低；第三，节奏由慢到快。

（3）起跳

攻手在助跑起跳后双脚触地时开始起跳。在助跑最后一步踏地时，两臂由下往前摆动。起跳时重心由脚后滚动至前脚掌，同时两臂由前往上摆动到肩上方。膝关节和踝关节用力蹬伸，向上跳起。为了增加起跳高度，攻手必须快速而爆发式地完成起跳动作（图 2－67）。

图 2－67　起跳

起跳动作应该尽量迅速完成。

起跳方法有并步起跳和跨步起跳两种。跨步起跳的最后一步中，双脚应同时着地。

(4)空中击球

① 反弓。起跳后,上体稍向右转,左肩转向球网。同时,右臂向后上方牵引,身体成反弓,以增加扣球力量(图 2-68)。

图 2-68　反弓

② 鞭打。挥臂时,身体迅速向球的方向转动,收腹发力,并依次带动肩、肘、腕成鞭打动作挥动,最终将力量传到手指。

③ 手型。击球时,击球臂伸直,手指微微张开呈勺形。

④击球点和手的触球部位。击球点应保持在右肩的前上方(图 2-69)。曲腕击球时,全手掌触球的后中部,并以手指包裹球,使它产生前旋。

图 2-69　击球点

⑤ 伴随动作。击球后手臂有向前挥动的伴随动作，但是不能触网。

(5)落地

落地时前脚掌先着地，并以双腿弯曲缓冲下落的力量(图2－70)。

图2－70　落地

(二)扣快球——Quick Spike

1. 一般特征

扣快球是排球比赛中最令人兴奋的进攻手段之一。它是在传球前或传球的同时起跳，以快节奏的动作将球击入对方场区的扣球方法。这种扣球有速度快、时间短、突然性强的特点，能在时间和空间上赢得主动，并对拦网队员有很大的欺骗性。

扣快球包括扣近体快球、扣短平快、扣背快球、扣背短平快、扣背溜球、扣平拉开和扣半高球。

2. 动作方法

以扣近体快球为例。攻手随一传助跑到网前，在二传队员体前50厘米左右的地方起跳，并在二传触球前跳起在空中，举起扣球手，身体稍转向来球方向，等待传球。攻手应在跳起的最高点，以快速的挥臂将刚出网口的球击入对方场区(图2－71)。

图 2－71　扣快球

（三）扣远网球——Deep-set Spike

1．一般特征

当击球点距球网 1.5 米以外时，这种扣球被称为扣远网球。当对方拦网实力较强或攻手高度不够时，二传队员可以通过传远网球，让攻手利用良好的控球技术突破拦网。与扣近网球相比，攻手在扣远网球时在落点、路线和力量方面有更多的选择。

2．动作方法

扣远网球的动作方法与正面扣球相似，但是它的动作幅度更大。攻手应该尽量跳得更高，在右肩前上方的最高点，以全手掌击球的后中部，击球时，手掌和手指包裹住球，以强烈的收腹曲腕来使球产生最大的前旋（图 2－72）。

图 2－72　扣远网球

（四）扣调整球——Adjusting-set Spike

1．一般特征

攻手扣从后场调整的传球被称为扣调整球,它比其他的扣球难度更大。调整扣球是在一传远网或二传队员在困难情况下传球时的主要进攻手段。在高水平的排球比赛中,扣调整球的能力往往会决定一场比赛的胜负。

2. 动作方法

攻手在助跑时可以边助跑边看球,要能够以灵活的步法和空中动作适应来自后场不同方向、角度、弧度、速度和落点的球,以适当的方法调整好人、球、网的位置关系,运用不同的手法控制球的力量、方向、路线和落点(图 2 –73)。

图 2 –73 扣调整球

(五)后排进攻——Backcourt Spike

1. 一般特征

后排进攻是后排队员在进攻线以后起跳进攻,它是立体进攻最重要的组成部分之一。后排进攻通常被接应二传所采用。有时,它是在二传队员难以将球传给前排进攻队员时使用,此外,它更多的出于战术目的而被采用。在国际比赛中,后排进攻已经成为最重要的得分手段之一。

2. 动作方法

后排进攻的动作方法与扣远网球相似。攻手应特别注意起跳和击球动作。起跳时应向前上方冲跳以使球获得更高的过网点。击球时应以全手掌包裹球使球产生强烈的前旋并呈一定弧线飞行到对方场区(图 2 –74)。

图 2－74 后排进攻

四、扣球的“4 准”要点

在完成扣球技术动作过程中，要注意以下几点：

第一，选准助跑起跳时机。

第二，看准人球位置关系。

第三，找准击球点。

第四，打准部位。

五、扣球运用战术

攻手根据对方拦网和防守阵形，选择合理有效的扣球方法和路线，以突破对方防守。扣球战术的目的在于当二传球到位时进攻直接得分，而在二传球不到位的情况下尽可能增大对方防守的难度。

（一）路线变化

攻手可通过转体、转腕扣出直线、斜线和小斜线以避开对方拦网。

1. 转体

击球点应保持在击球肩右侧前上方或左侧前上方，通过转体和收腹改变扣球的路线。运用转体扣球战术时，攻手可以保持扣球的力量（图 2－75）。

图 2－75　转体扣球

2. 转腕

转腕扣球战术是攻手常用的战术。虽然由于击球部位的改变，将损失一部分扣球力量，但是攻手可以有更多的路线选择（图 2－76）。

图 2－76　转腕扣球

（二）力量变化

大力扣球和轻扣球的有机结合能加大对方的防守难度。轻扣球的助跑、起跳和挥臂与大力扣球相同，不同的是在击球时挥臂减慢或突停，然后将球从拦网手的上方击到对方的空当。甚至在有的时候，运用轻扣球控制球的落点比大力扣杀更有效。

（三）击球节奏变化

攻手可以通过改变击球的节奏加强自身的进攻力或打乱对方的拦网和防守。

1. 加快击球节奏

当拦网队员没有及时移动到位或拦网高度不足时，攻手可以向上伸直手臂，并加快挥臂速度，直接将球扣到对方场区。当攻手在2号位进攻时，也可利用左手扣球来加快击球节奏。

2. 减慢击球节奏

当拦网队员及时移动到位或拦网高度较高时，攻手可以曲臂并延迟击球时间，以选择一条合适的扣球路线。当攻手在4号位进攻时，也可利用左手扣球来减慢击球节奏。

（四）误导拦网队员

误导拦网队员的目的是使拦网队员移向错误的拦网位置，并使自己获得进攻的主动。

1. 上直线扣斜线和上斜线扣直线

采用直线助跑，使拦网队员误认为攻手将扣直线球，然后扣出斜线球，从而突破拦网。使用上斜线扣直线的战术也会取得同样的效果。

2. 面直扣斜和面斜扣直

攻手起跳后面对直线，给拦网队员传递一个他将扣直线的错误信息，当拦网队员集中注意力拦直线的时候，扣出斜线球，这样使进攻更有效。使用面斜扣直的战术也会取得同样的效果。

（五）打手出界

扣球时能观察到对方拦网手的队员应学会利用拦网手，特别是传球近网时，更应该学会运用这种战术，可以利用扣或抹的击球动作制造打手出界。通过这样的战术，攻手在将球没被扣死在对方场区的情况下仍然能够得分。

（六）打吊结合

在扣球被对方拦网严防的情况下，攻手可以先佯做大力扣球，在击球的最后时刻变扣为吊，用手指将球从拦网手上方吊入对方的空当。换句话说，大力扣球可以得分，吊球也可以得分。记住，不管用什么方法，得分是最重要的（图2－77）！

图2－77 吊球

第五节　拦网——BLOCK

一、概述

拦网是一个或多个队员靠近球网将手伸出网口或伸过球网试图拦截对方来球的一种技术。前排的队员都可以参与拦网，它是排球中的重要防守技术，因为它是阻挡进攻的第一道防线，尤其是在对付对方强攻队员时，往往迫使扣球队员为了击球越过拦网队员而采取吊球的方式，从而减轻后排队员的防守压力。

当队员在比赛中进行拦网时，把球直接拦到对方的场地内非常重要。

拦网是排球比赛中最精彩的部分之一。当球一次或多次碰到拦网队员的身体时，不算在三次合法击球之内，参与拦网的队员也可以再次去处理球。但是，拦网队员在扣球队员完成进攻性击球前不允许在对方场区空间拦截球，否则将被判过网拦网犯规。

二、拦网的种类

根据参与拦网的人数可以将拦网分为：单人拦网、双人拦网和三人拦网。其中最常用的是双人拦网。

三、一般特征和动作方法

(一) 单人拦网——One-man Block

1. 一般特征

拦网时,队员必须移动到网前、选取合适的起跳位置、腾空、调整手臂和手在网上空的位置、空中拦球、缓冲落地、并迅速转身观察球的位置,为下一次进攻做好准备。所以,对初学者来说,拦网是较难的一项技术。

2. 动作方法

(1)观察顺序

首先,观察对方接发球的飞行路线。如果一传过网,拦网队员要做好打探头球的准备,下手要快、准。如果一传到位,要在观察二传出球方向的基础上做好拦网准备。

其次,观察二传队员的动作,预判二传球的高度和方向,拦网队员及时移动到进攻区域。二传队员传球时手的位置较低一般意味着要传拉开球,移动到球下方时往往会采用背传,充分蹬伸膝关节可能会传出高远球。

再次,就是观察进攻队员,一旦确定二传的传球目标,必须把注意力转移到进攻队员的身上。要注意观察进攻队员的起始位置和跑动路线,并确定扣球队员的击球手臂。最后要看扣球队员的手法。

(2)移动步法和起跳

在拦网过程中一般会采用的两种步法是滑步(图 2 -78)和交叉步(图 2 -79)。在 1 ~2 米的范围内的移动通常用滑步,而距离较远时通常采用交叉步。但无论运用哪种步法,必须快速移动到相应的拦网位置,拦网首先始自起跳时脚步的正确位置,然后才是用手去拦截球。拦网队员应该是屈膝而不是弯腰。拦网队员离网 30 ~40 厘米,稍慢于扣球队员起跳。跳起的同时把手伸过球网,手臂和球网之间的空隙应该尽量小,以免拦网后“窝果”。

图 2 -78 滑步移动

图 2－79　交叉步移动

(3)手臂动作

拦网队员在不触网的同时应该尽量把手臂伸入对方的空间,手臂的角度应该是使拦下的球反弹向对方的场地中,充分伸直手臂和张开手指,两拇指几乎靠近,两小手指尽可能向外扩展,双手张开。

当对方二传队员传出的球靠近球网时,要尽量把手伸过球网,在扣球队员完成进攻性击球后,采用“盖帽”式拦网,也就是依靠手腕的主动下压把球拦向地板(图 2－80)。当球远离网时,要把拦网手臂尽量往高处伸直,而不再像拦近网球那样把手臂伸过球网。在扣球结束或完成拦网后,手臂要尽快收回。

图 2－80　手臂动作

(二)双人拦网——Two-man Block

1. 一般特征

双人拦网是由前排的两名队员配合组成的拦网技术。通常是中间的拦网队员向两侧移动，与两侧的拦网队员配合完成。双人拦网是简单实用的配合，在拦网系统中具有重要的地位。

2. 动作方法

在拦对方从两侧的进攻时，外侧的拦网队员要观察对方一传球的起球方向、二传和二传的出球方向，以及进攻队员的移动助跑方向，然后移动到对方的进攻点，把外侧手置于球和边线之间，防止球打手后进入后排队员无法防守的区域。中间的拦网队员一般运用交叉步向一侧移动到合适的拦网位置，尽量靠近外侧拦网队员，又不发生碰撞，两名队员一起把手伸向扣球的区域，外侧的拦网队员的外侧手手心应该指向对方球场的中央，内侧拦网队员的手应该指向对方的端线。

在拦 3 号位进攻时，被预先指定的那位外侧拦网队员根据球的传接方向移动到合适的位置与中间的拦网队员联合组成双人拦网。中间拦网队员负责拦直线，外侧队员负责拦斜线，没有参与拦网的另一位前排队员负责防守前场区的小斜线。

（三）三人拦网——Three-man Block

1. 一般特征

由于现代排球进攻能力的增强，很多情况下需要进行三人拦网，尤其是在高水平的排球比赛中。三人拦网对进攻队员施加了更大的压力。

2. 动作方法

两侧的拦网队员向中间移动与中间的拦网队员联合组成三人拦网，

或者中间的拦网队员与另一侧的队员移向进攻一侧，与这一侧的进攻队员组成三人拦网。拦网过程中，两侧的拦网队员要把外侧手斜指向对方场地的中间，以拦截斜线扣球，另外的四只手与球网保持平行。

四、拦网的5要点

完成拦网技术动作有以下5个要点：

第一，观察对方。

第二，合理取位。

第三，找准时机。

第四，垂直上跳。

第五，过网拦击。

五、拦网运用战术

拦网队员在拦网过程中可以选择拦球或拦指定的区域。拦网队员可以选择封拦一定扣球路线，迫使扣球队员去扣斜线球，这种拦网战术可以让后排的防守队员主动调整到拦网队员空开的区域。如果拦网队员选择拦截球的战术，后排的防守队员必须去防因为碰到拦网队员的手而改变方向的球。在拦快攻时，准备姿势时的手臂要尽量伸直，二传出球后再起跳，起跳要快速，手臂伸展大约与肩宽。

另一种拦网战术是让一名队员站在另一名防守队员的身后，来拦截交叉或掩护进攻。第一拦网队员负责盯快攻队员并主拦快攻，另一名在第一名队员身后隐藏的拦网队员根据传球的方向或进攻队员的移动向左或右跨出一步进行拦网，该隐藏的拦网队员必须能够看到二传或指定的扣球队员。

第三章
排球运动基本战术

排球运动的基本战术包括个人战术和集体战术。个人战术主要通过运动员完成单个技术动作来实现，包括发球、接发球、二传、扣球、拦网、防守个人战术。集体战术是通过队员之间的分工与合作，在全队的配合中实现，包括集体进攻战术和集体防守战术。在前面的章节已对个人战术知识做了相关的介绍。本章主要介绍阵容配备和集体战术。

第一节　阵容配备

阵容配备是根据每个队员的特点以及比赛的需要，合理搭配场上队员技战术力量的组织形式。主要有“五一”配备、“四二”配备、“三三”配备3种形式。

一、“五一”配备

“五一”配备是指场上有1名二传队员和5名进攻队员。这种阵容配备全队只需要适应1名二传，相互之间容易达成默契，统一贯彻教练员的战术意图。高水平队一般采用这种阵容配备(图3－1)。

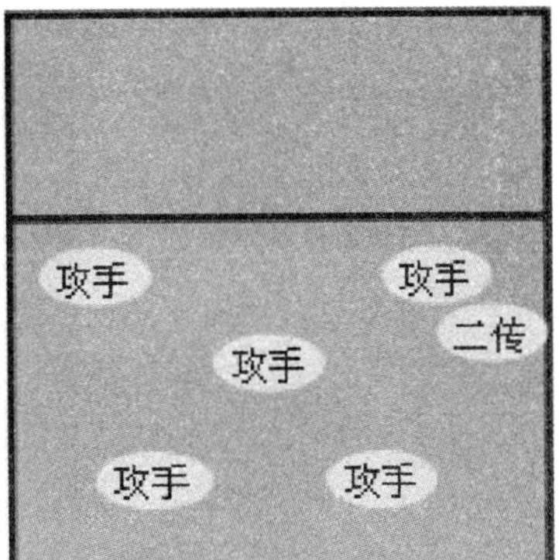

图3－1　“五一”配备

二、"四二"配备

"四二"配备是指场上有2名二传队员和4名进攻队员。这种阵容配备对进攻队员的适应能力要求较高。一般水平的队伍多采用这种阵容配备(图3-2)。

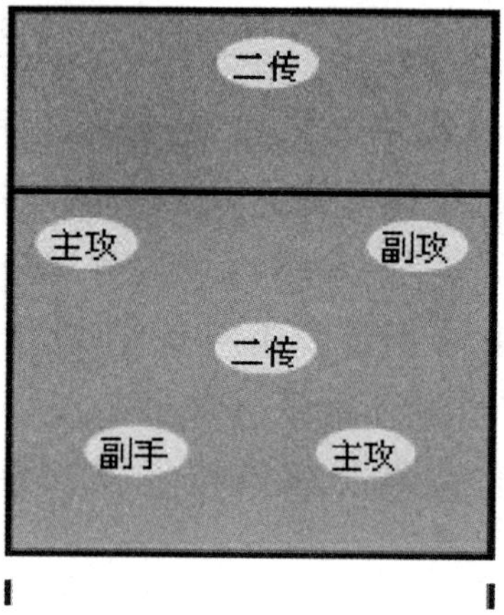

图3-2 "四二"配备

三、"三三"配备

"三三"配备是指场上有3名二传队员和3名进攻队员。这种阵容配备保证了二传队员和进攻队员相邻,合适于初学的队伍采用(图3-3)。

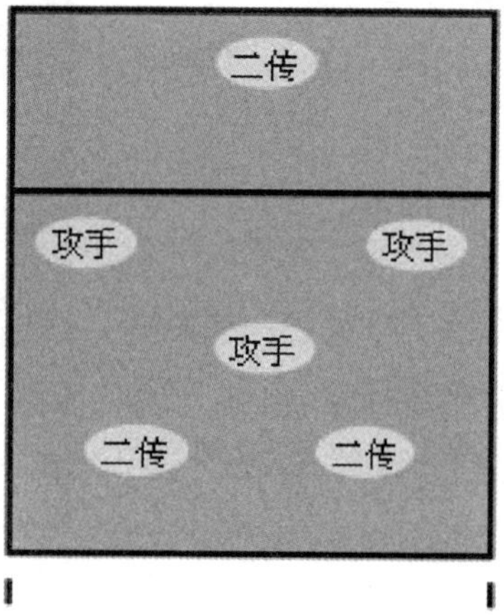

图3-3 "三三"配备

第二节 集体进攻战术

随着现代排球运动技术的发展,进攻战术丰富多彩。进攻战术全方位,立体化。要想取得比赛的胜利必须发挥集体的智慧进行配合。集体进攻战术主要包括两方面,即进攻阵形和进攻打法。

一、进攻阵形

进攻阵形是指在进攻时球队阵容的外在表现形式。在中小学比赛中主要有"中二传"和"边二传"两种进攻阵形。

(一)"中二传"进攻阵形

"中二传"进攻阵形是指二传队员在前排中位置组织进攻,其他队员参与进攻的阵形(图3-4)。后排二传队员也可以插上成"中二传"进攻阵形(图3-5)。

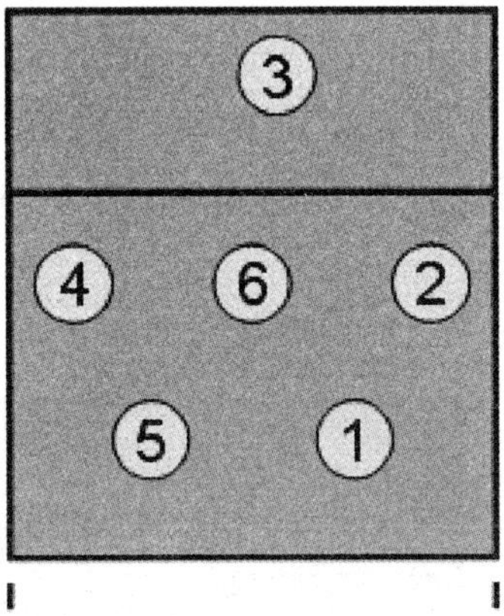

图3-4 "中二传"阵形

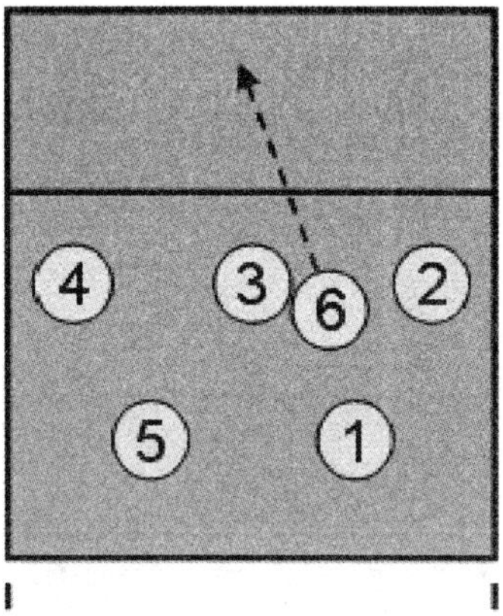

图3-5 插上成"中二传"阵形

(二)"边二传"进攻阵形

"边二传"进攻阵形是指二传队员在前排靠2号位组织进攻,其他队员参与进攻的阵形(图3-6)。后排二传队员可以插上成"边二传"阵形(图3-7)。

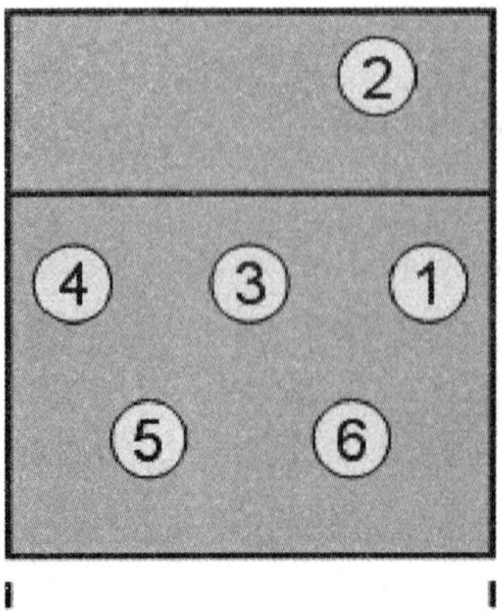

图 3－6　“边二传”阵形

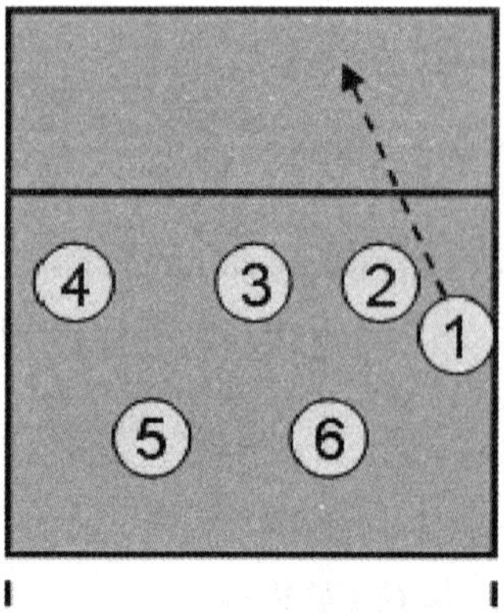

图 3－7　插上成“边二传”阵形

二、进攻打法

进攻打法是指二传队员与进攻队员之间的各种配合。进攻打法分为强攻、快攻、两次攻及其转移以及立体进攻。中小学排球比赛中主要采用强攻和快攻。

（一）强攻

强攻是指进攻队员主要依靠自身力量和高度强行突破对方拦防的打法。强攻主要有 2、4 号位拉开进攻、调整进攻和后排进攻（图 3－8～图 3－11）。

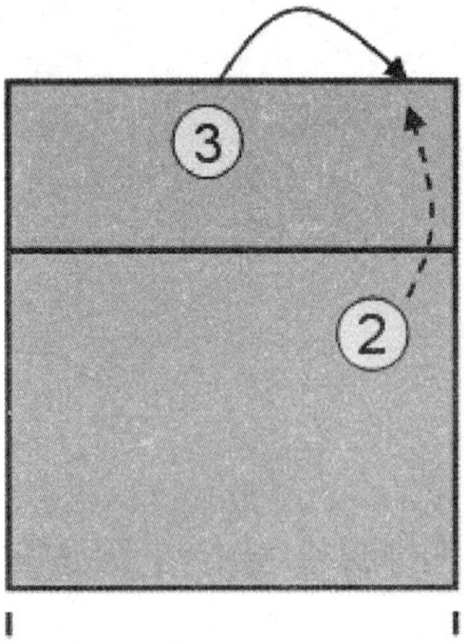

图 3－8　2 号位强攻

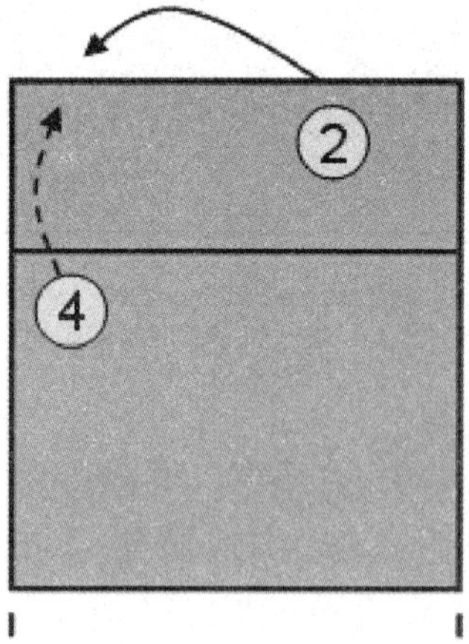

图 3－9　4 号位强攻

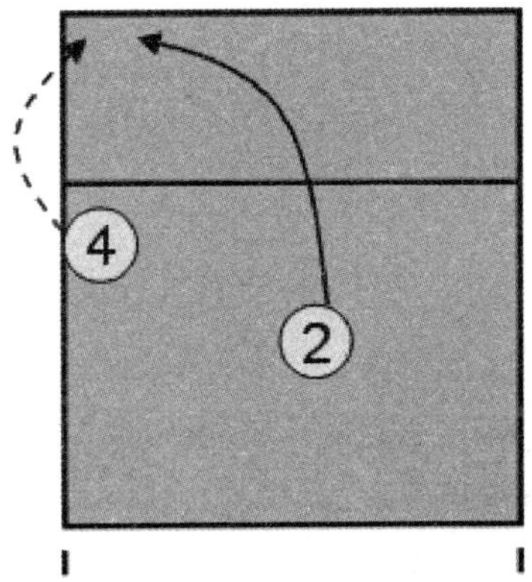

图 3－10 调整进攻

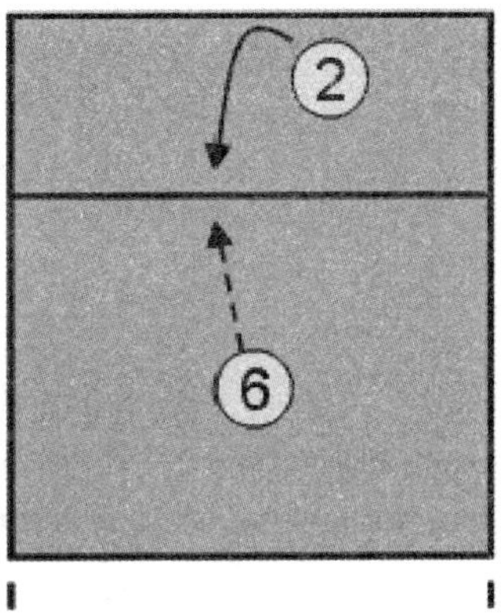

图 3－11 后排进攻

(二)快攻

快攻是指进攻队员扣二传传出的快球,及以扣快球掩护同伴进行进攻的打法。主要包括快球进攻和快球掩护进攻。

1. 快球进攻

快球进攻主要分为扣低快球和扣平快球两种。在比赛中常见的快球进攻有近体快、短平快、背快、背短平快、背溜、平拉开等(图 3－12)。

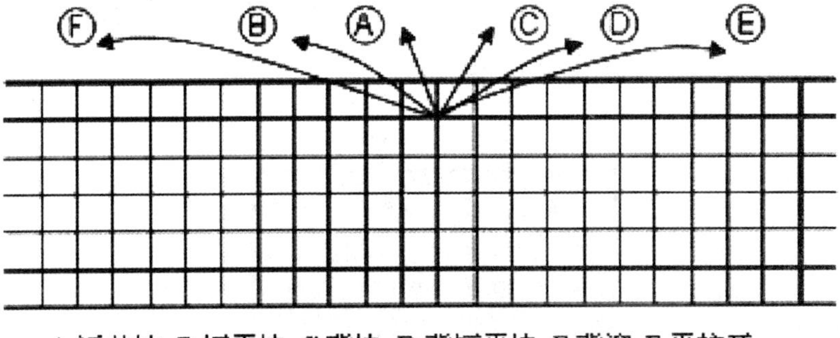

图 3－12 快球进攻

2. 快球掩护进攻

快球掩护进攻是指进攻队员利用各种快球吸引对方拦网队员,掩护同伴进行实扣的打法。中小学比赛中主要有交叉进攻、梯次进攻、双快等。

(1)交叉进攻

交叉进攻是指2名进攻队员的跑动路线相交叉,打快球队员掩护同伴扣半高球的打法。常见的交叉进攻是“前交叉”进攻(图3－13)。

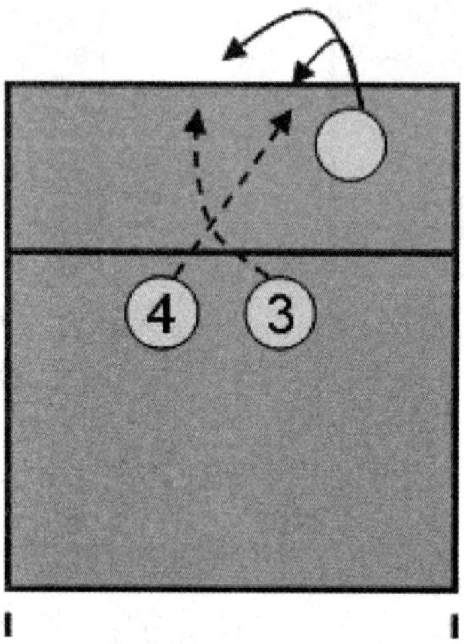

图3－13 “前交叉”进攻

(2)梯次进攻

梯次进攻是指2名队员参与进攻,1名进攻队员打快球掩护同伴在其背后打半高球的打法(图3－14)。

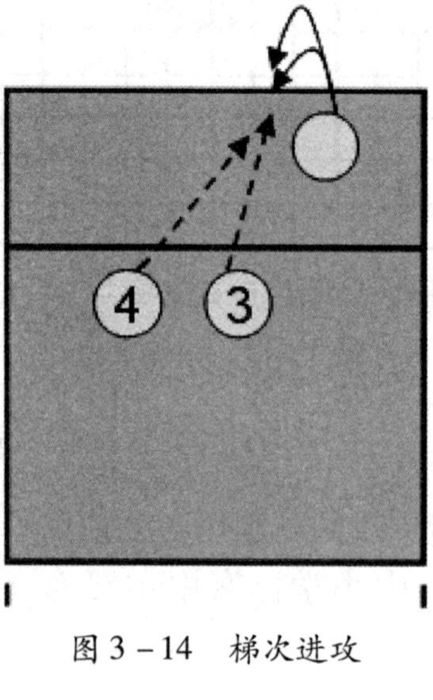

图3－14 梯次进攻

(3)双快进攻

双快进攻是指2名前排队员同时在网前不同位置扣快球(图3－15)。

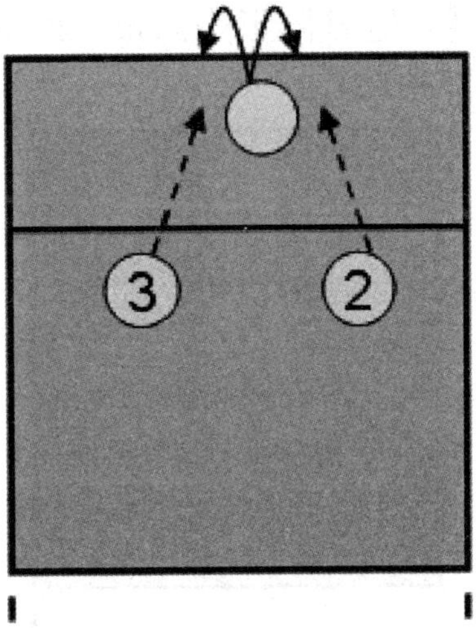

图3－15　双快进攻

第三节　集体防守战术

集体防守战术主要包括接发球及其阵形、接扣球防守及其阵形、接拦回球防守及其阵形、接传垫球防守及其阵形这几方面内容。本章主要介绍比赛中运用较多的接发球阵形和接扣球防守阵形。

一、接发球阵形

中小学排球比赛中,接发球阵形主要有5人接发球阵形、4人接发球阵形。

(一)5人接发球阵形

5人接发球阵形在初学者中被广泛采用。常见的有“W”站位阵形、“M”站位阵形。

1.“W”站位阵形

这种接发球阵形的特点是5名接发球队员分布较均衡，职责分明，前面3名队员负责接前场区和后场区前半部分的球，后面2名队员负责接后场区后半部分的球。这种阵形中队员之间的“结合部”较多，接边角上的球难度较大（图3－16）。

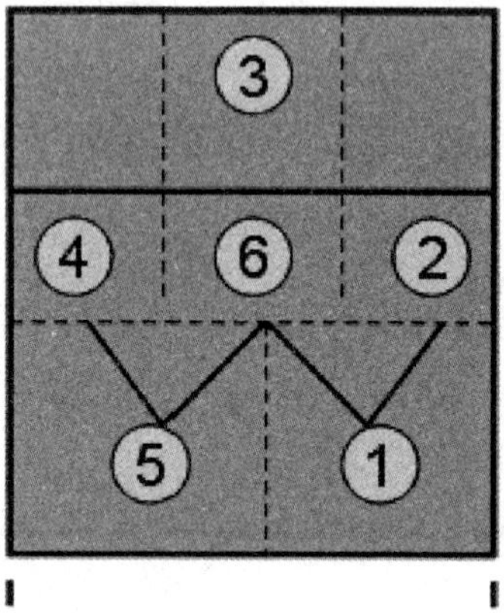

图3－16 “W”站位阵形

2.“M”站位阵形

这种接发球阵形的特点是5名队员站位分散，分工明确，前面2名队员负责接前区的球，中间1名队员负责接中区的球，后面2名队员负责接后区的球。这种阵形不利于接发到中区靠边线和6号位靠端线的球（图3－17）。

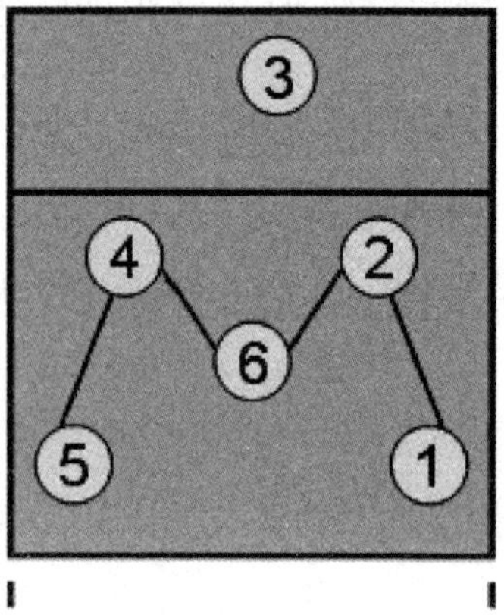

图3－17 “M”站位阵形

(二)4 人接发球阵形

4 人接发球阵形在一般水平队伍中被较多采用。这种阵形的特点是4 名队员一人负责一条线,相互间的干扰也较小,通常情况下能减少后排二传队员插上的跑动距离,有利于不接发球的前排进攻队员能有充分的时间准备进攻。针对不同性能的发球,常见4 人接发球阵形有“浅盆”形站位阵形(图3 -18)、“深盆”形站位阵形(图3 -19)、“一”字形站位阵形(图3 -20)。

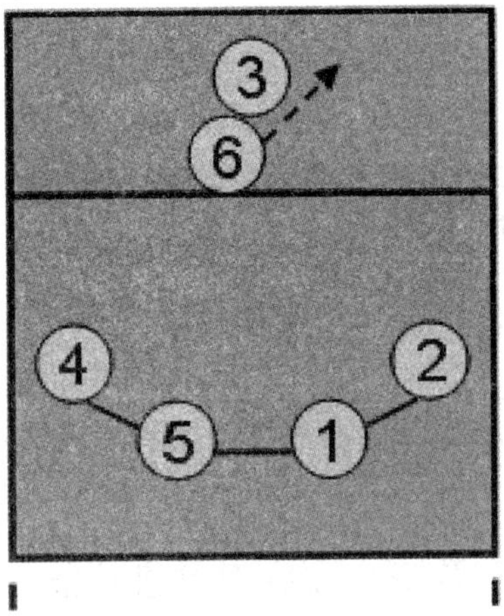

图3 -18 “浅盆”形站位阵形

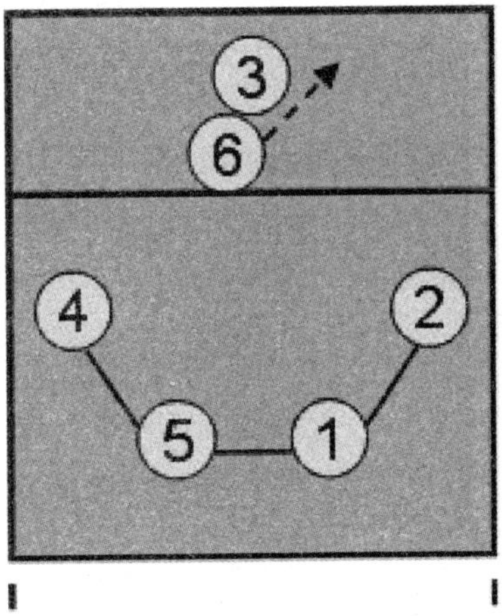

图3 -19 “深盆”形站位阵形

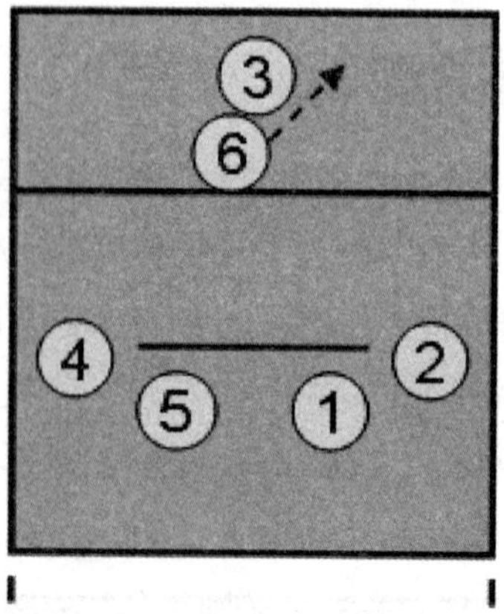

图 3－20 “一”字形站位阵形

二、接扣球防守阵形

根据前排拦网队员的多少，接扣球防守阵形可分为单人拦网下的防守阵形、双人拦网下的防守阵形、三人拦网下的防守阵形、无人拦网时的防守阵形。在中小学生比赛中，三人拦网运用较少，这里就不介绍了。

（一）单人拦网下的防守阵形

单人拦网下的防守阵形主要在对方进攻能力较弱，以及对方战术多变的情况下，无法及时组织双人或三人拦网时运用（图 3－21）。

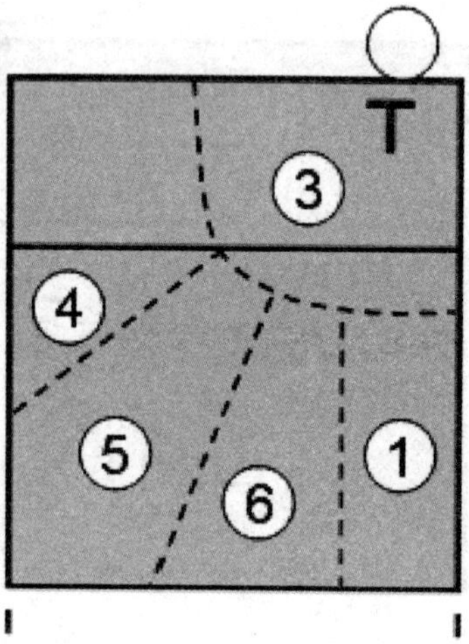

图 3－21 单人拦网下的防守阵形

(二)双人拦网下的防守阵形

双人拦网下的防守阵形主要在对方进攻能力较强,以及拦网队员能及时到位的情况下运用。主要分为“边跟进”防守阵形(图 3-22)和“心跟进”防守阵形(图 3-23)。

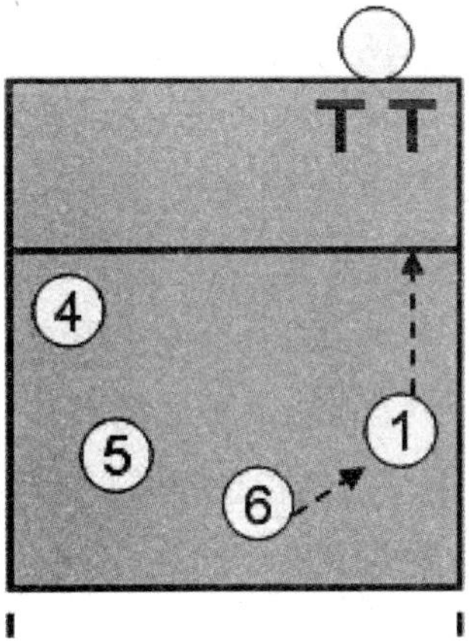

图 3-22 “边跟进”防守阵形

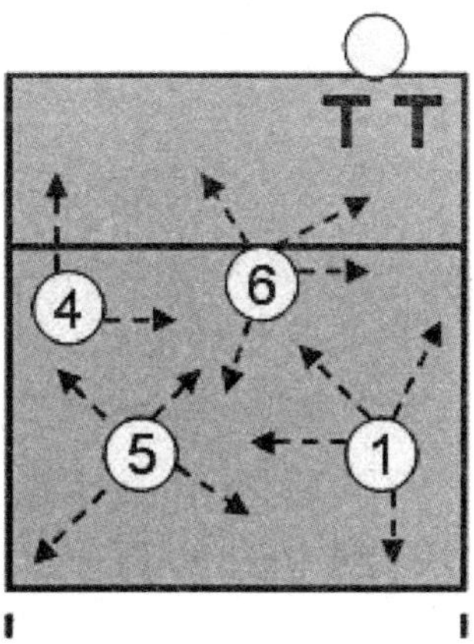

图 3-23 “心跟进”防守阵形

(三)无人拦网时的防守阵形

在对方进攻能力弱,或者未能形成进攻,以及本方拦网队员未能及时到位时,会运用到无人拦网的防守阵形。初学者在比赛中基本采用这种防守阵形(图 3-24)。

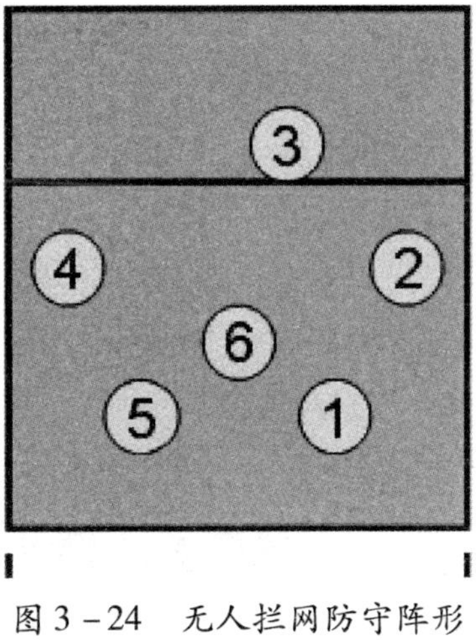

图 3-24 无人拦网防守阵形

第四章

排球运动快乐速成途径

要想在排球技术、战术、体能等方面达到较高的水平，需要坚持长期刻苦的训练，没有捷径可言。但是，兴趣是最好的老师，如果喜爱排球，就会愿意为之付出汗水。本章针对没有排球基础的青少年，介绍简单化的练习步骤，设计趣味化、游戏化的练习方法，旨在使他们在快乐中学习，在学习中培养参与排球运动的兴趣。

第一节　发球技术快乐速成途径

一、练习步骤

(一)徒手动作练习

1. 抛球

2. 挥臂击球

(二)结合球练习

1. 抛球(图4－1)

图4－1　抛球练习

2. 挥臂击球(图 4 –2)

图 4 –2　挥臂击球练习

3. 对墙完整动作练习

(1)2 人对墙练习(图 4 –3)

图 4 –3　2 人对墙练习

(2)单人对墙练习(图 4 –4)

图 4 –4　单人对墙练习

4.2 人隔网9米左右发球(图4－5)

图4－5 2人隔网9米左右发球

5.发球区发球(图4－6)

图4－6 发球区发球

二、快乐发球游戏

(一)发球成功率比赛

1.游戏目的

提高学生发球能力，减少失误，有利于培养学生的团结互助精神，提高学生在关键时的心理承受能力。

2.游戏方法

将队员合理分为2个队，站在各自端线处，2个队轮流向对区发球，成功落在对方场区得1分，下网或从本方场区出界失2分，从过网区发到对方场区外失 1 分，领先对手 5 分获胜（也可根据学生掌握程度调整获胜分数），如图 4－7 所示。

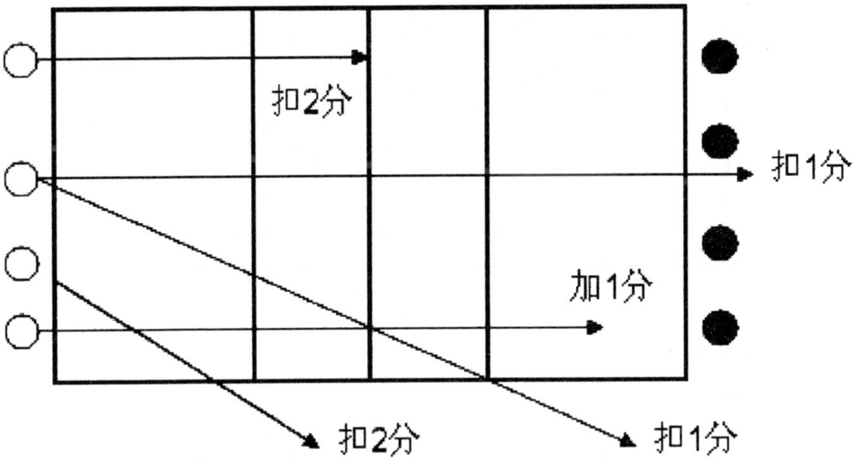

图 4－7　发球成功率游戏图解

（二）发球路线比赛

1. 游戏目的

锻炼学生发球的线路变化，提高学生的发球能力，增强学生对发球的控制力，有利于培养学生的团结互助精神，提高学生在关键时的心理承受能力。

2. 游戏方法

将排球场分为 2 个纵向区域。将队员合理分为 2 个队，站在各自端线处，各队轮流向对区发球，每轮每队 2 名队员各发 1 个球，要求一个直线一个斜线。成功落在对方相应场区加 1 分，下网或从本方场区出界扣 2 分，从过网区发到对方场区外，扣 1 分，5 轮过后哪队得分高哪队获胜（轮数可根据具体情况调整），如图 4－8 所示。

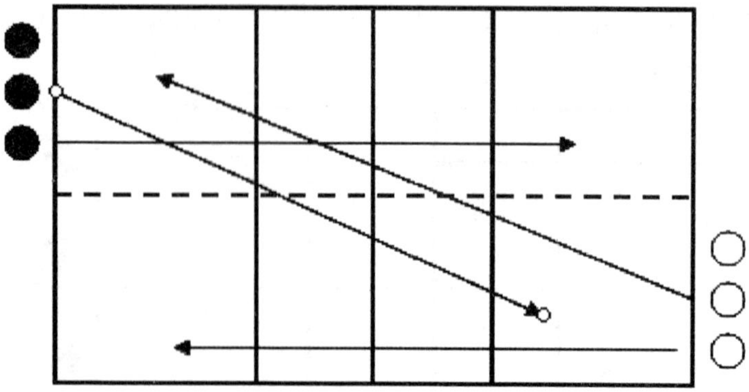

图 4－8　发球路线游戏图解

（三）发球落点比赛

1. 游戏目的

锻炼学生对发球落点的控制，提高学生的发球能力，培养学生团结合作的精神。

2. 游戏方法

双方各派 3 名队员站到对方场区内的指定位置，其他队员站在端线处轮流向站在对方场区的同伴发球，同伴接到 1 个球，全队得 1 分，要求接球人脚不能动，5 轮过后得分多的一方获胜（轮数可根据具体情况调整），如图 4－9 所示。

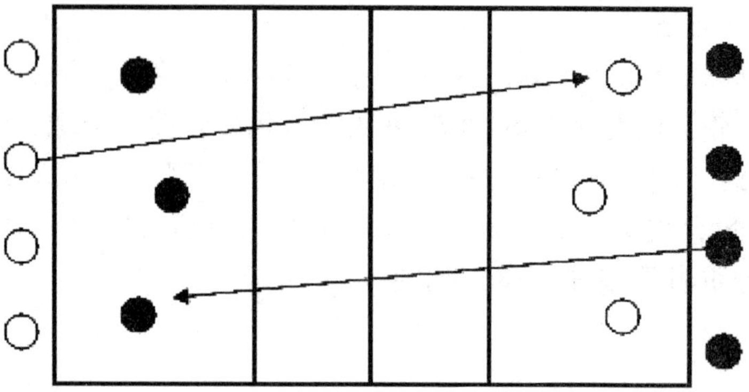

图 4－9　发球落点游戏图解

（四）发球比远

1. 游戏目的

提高学生发球力量和击球的准确性。

2. 游戏方法

每人发5个球，记录最远的距离。谁发得远谁名次靠前(图4－10)。

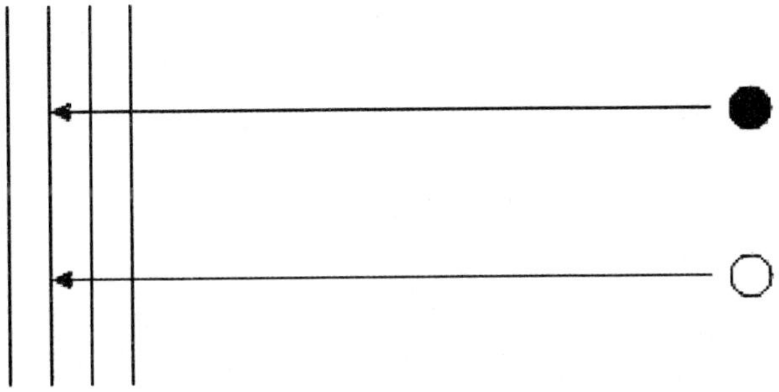

图4－10　发球比远游戏图解

(五)发球入区比赛

1. 游戏目的

提高学生的发球技术，锻炼学生对发球区域的控制。

2. 游戏方法

在排球场上画不同的得分区域，以发球落点计算等分，在规定的次数内看谁得分高(图4－11)。

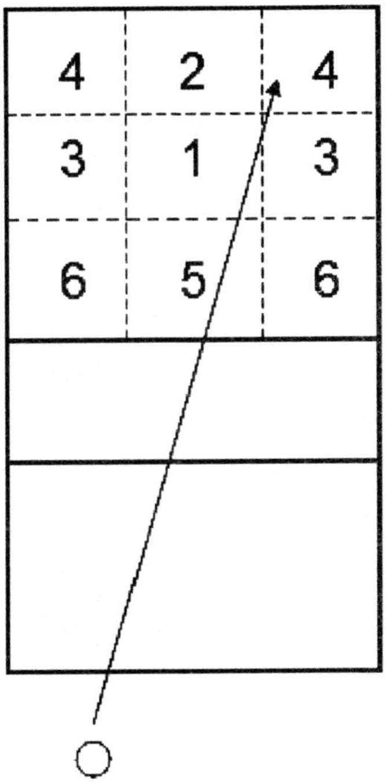

图4－11　发球入区游戏图解

第二节　垫球技术快乐速成途径

一、练习步骤

(一)徒手模仿练习(图 4－12)

图 4－12　徒手模仿练习

(二)结合球练习

1.垫固定球(图 4－13)

图 4－13　垫固定球

2.一抛一垫(图 4－14)

图 4－14　一抛一垫

3. 2 人对垫(图 4－15)

图 4－15　2 人对垫

4. 多人垫球(图 4－16)

图 4－16　多人垫球

二、快乐垫球游戏

(一)跑动垫球比赛

1.游戏目的

锻炼学生移动垫球的能力,培养学生团结协作的精神。

2.游戏方法

4人一组,2人一方对垫,垫完跑到对面队员身后,要求垫100个,最快完成的获胜(图4-17)。

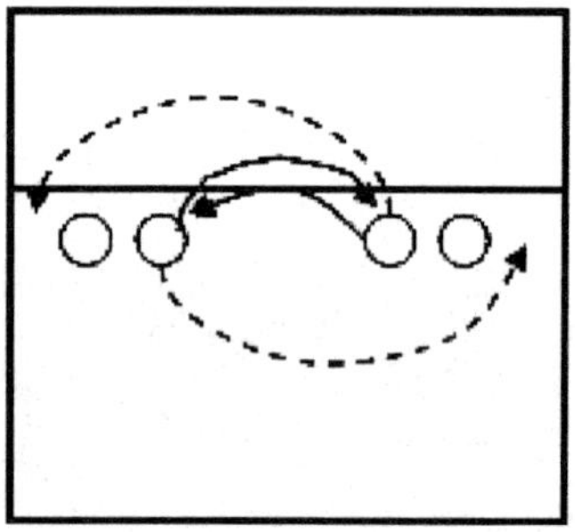

4-17　跑动垫球游戏图解

(二)对墙垫球比赛

1.游戏目的

增强学生对来球落点的判断,提高学生的控球能力,培养学生团队协作的能力。

2.游戏方法

将队伍分为两队,排队对墙垫球,每人垫1次,垫完后迅速跑到队伍后面排队。垫100次,球落地次数少的队伍获胜(图4-18)。

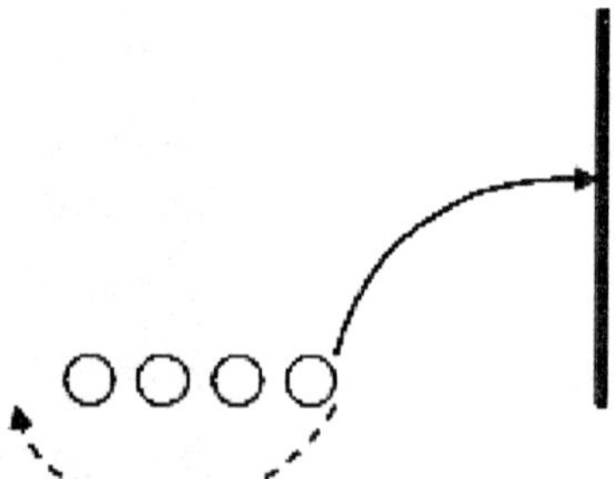

图4-18　对墙垫球游戏图解

（三）垫球接力比赛

1. 游戏目的

培养学生自我控球能力，以及提高学生的垫球手感。培养学生的团结合作的精神。

2. 游戏方法

将学生平均分为 2 组，站在一边端线后，学生先自垫至对面端线，然后垫到自己可以垫过网的地方再将球垫过球网给同伴，同伴可在场地内接球，自垫到对面端线后，再垫过网给同伴，直到结束。要求球不能落地，如果落地将返回离自己最近的端线重新自垫。最先完成的队获胜（图 4－19）。

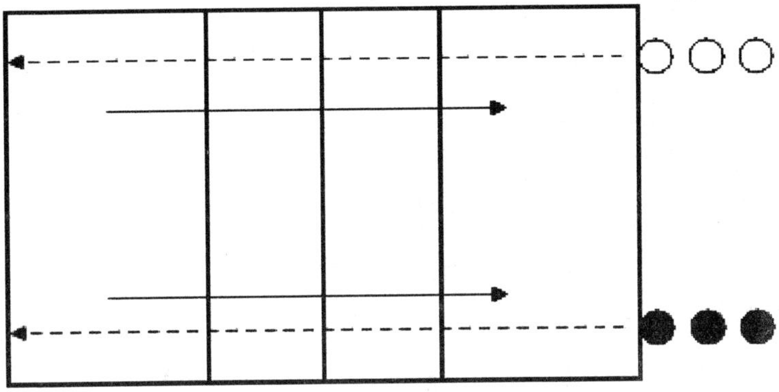

图 4－19　垫球接力游戏图解

（四）行进间垫球比赛

1. 游戏目的

提高学生在移动中的垫球技术。

2. 游戏方法

2 人一组对垫前进，从端线出发，球不能落地，直到另一端线为止。每完成一次为一组，共 5 组，看谁完成的多，球落地就算失败（图 4－20）。

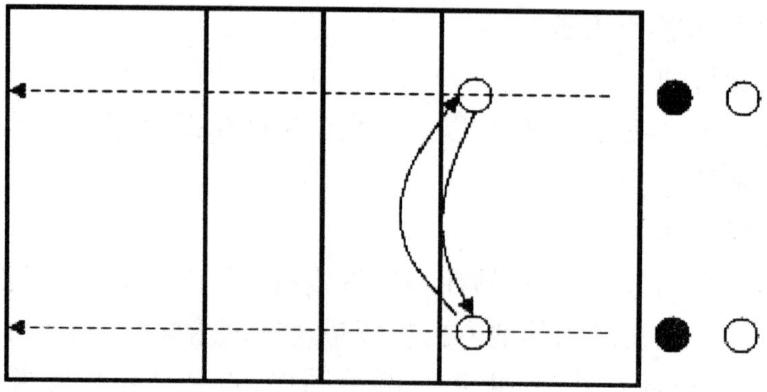

图 4－20　行进间垫球游戏图解

（五）自垫绕杆接力赛

1. 游戏目的

提高学生的控球能力。

2. 游戏方法

将学生分为两组，每 3 米放置 1 竖杆，共放 5 个，学生自垫通过最后一杆把球抱回本队交给下一人做同样的动作，看哪一组最快完成。球落地捡回接着做（图 4－21）。

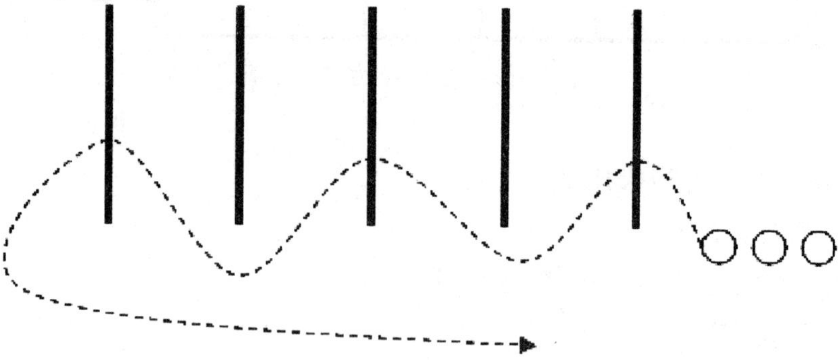

图 4－21　自垫绕杆接力游戏图解

第三节　传球技术快乐速成途径

一、练习步骤

(一)徒手模仿练习(图 4－22)

图 4－22　徒手模仿练习

(二)结合球练习

1. 传固定球(图 4－23)

图 4－23　传固定球

2. 对墙传球(图 4－24)

图 4－24　对墙传球

3. 连续自传(图4－25)

图4－25　连续自传

4. 一抛一传(图4－26)

图4－26　一抛一传

5. 2人对传(图4－27)

图4－27　2人对传

6. 多人传球(图4－28)

图4－28　多人传球

二、快乐传球游戏

(一)跑动传球比赛

1. 游戏目的

锻炼学生移动传球的能力,培养学生团结协作的精神。

2. 游戏方法

4人一组,2人一方对传,传完跑到对面队员身后,要求传100个,最快完成的获胜(图4－29)。

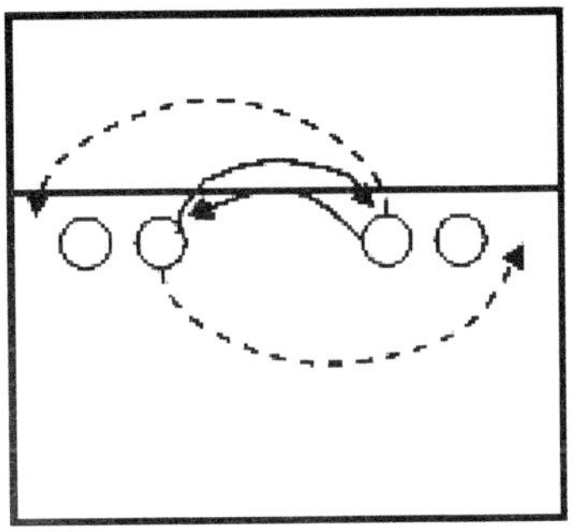

4－29　跑动传球游戏图解

(二)对篮板传球比赛

1. 游戏目的

增强学生对来球落点的判断,提高学生传球控制能力,培养学生团队协作的能力。

2. 游戏方法

将队伍分为两队，排队对篮板传球，每人传一下，传完后迅速跑到队伍后面排队。传 100 次，球落地次数少的队伍获胜(图 4－30)。

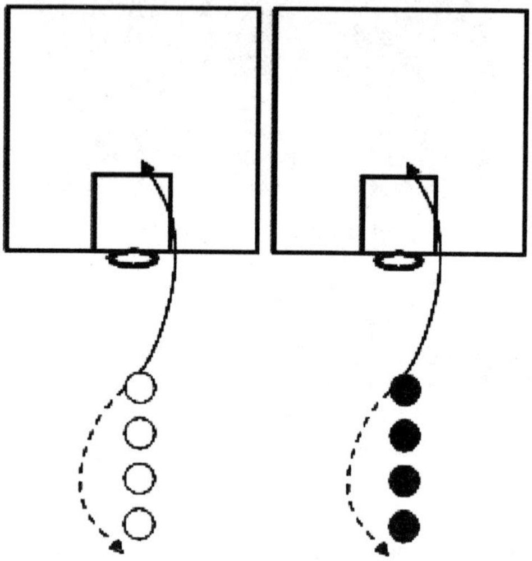

图 4－30　对篮板传球游戏图解

(三)传球进框比赛

1. 游戏目的

提高学生的传球准确性。

2. 游戏方法

将队伍分为 2 队，站在罚球线，排队轮流向篮圈内传球，5 轮过后传进圈内球多的队伍获胜(图 4－31)。

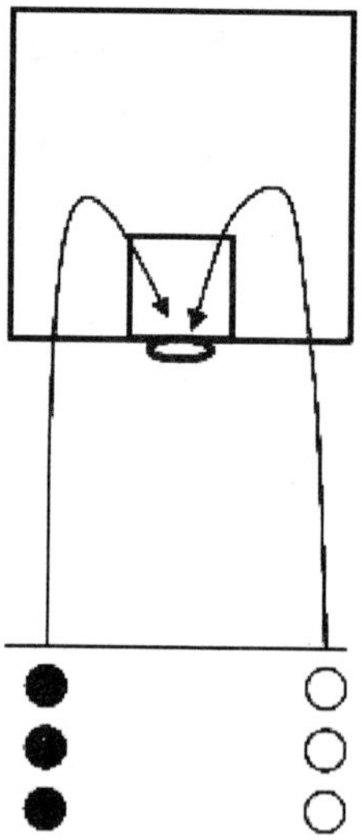

图 4－31　传球进框游戏图解

（四）隔网传球接力

1. 游戏目的

提高学生对传球高度和落点控制能力，以及判断移动能力。培养学生的团结合作的精神。

2. 游戏方法

将学生平均分为2组，每组分为2队，站在两边进攻线后，隔网对传，每人传一次，传完迅速站到本方队伍后。球落地后，队员将球捡起来，并回到进攻线再继续传球。先传到50个的组胜利（图4－32）。

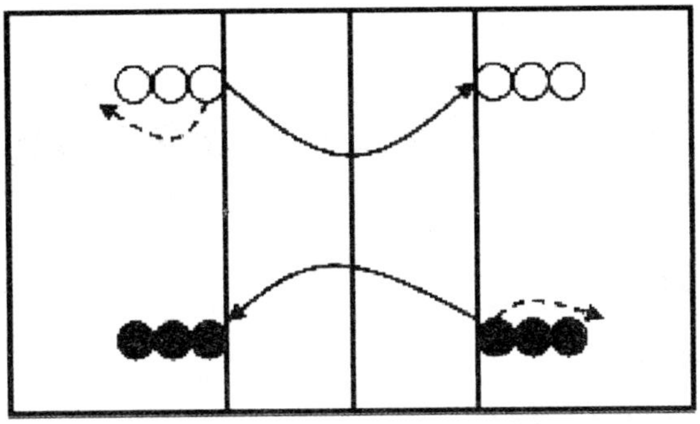

图4－32　隔网传球接力游戏图解

（五）传球绕杆接力赛

1. 游戏目的

提高学生的控球能力，锻炼学生的视野。

2. 游戏方法

将学生分为2队，每3米放置1竖杆，共放5个，学生自传通过最后一杆把球抱回本队交给下一人做同样的动作，看哪一组最快完成。球落地捡回接着做（图4－33）。

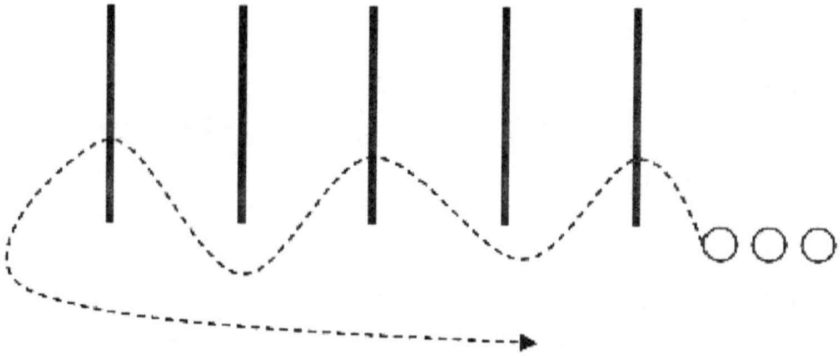

图 4－33　传球绕杆接力游戏图解

第四节　扣球技术快乐速成途径

一、练习步骤

（一）徒手练习

1. 助跑起跳（图 4－34）

图 4－34　助跑起跳

2. 挥臂、击球

3. 徒手完整动作（图 4－35）

图 4－35　徒手完整动作

(二)结合球练习

1. 挥臂击固定球(图 4－36)

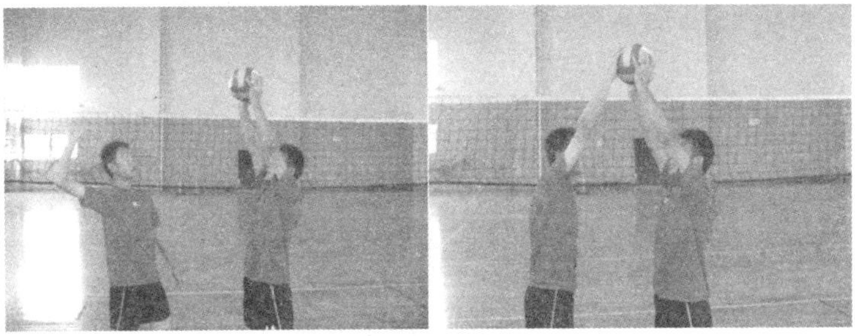

图 4－36　挥臂击固定球

2. 对墙扣球(图 4－37)

图 4－37　对墙扣球

3. 对墙扣二传抛球(图 4－38)

图 4－38　对墙扣二传抛球

4. 扣固定球(图 4－39)

图 4－39　扣固定球

5. 自抛自扣(图 4－40)

图 4－40　自抛自扣

6. 扣二传抛球(图 4－41)

图 4－41　扣二传抛球

7. 扣传球(图 4－42)

图 4－42　扣传球

二、快乐扣球游戏

（一）对墙扣球接力

1. 游戏目的

提高学生判断、脚下移动、挥臂击球以及控制球的能力，增强球感。培养学生团队精神。

2. 游戏方法

将学生分为 2 组，对墙扣球，每人扣一下，然后迅速跑到队伍后，另一个人接着扣墙反弹回来的球。失误以后将球捡回再继续。先扣完 50 个的组胜利（图 4－43）。

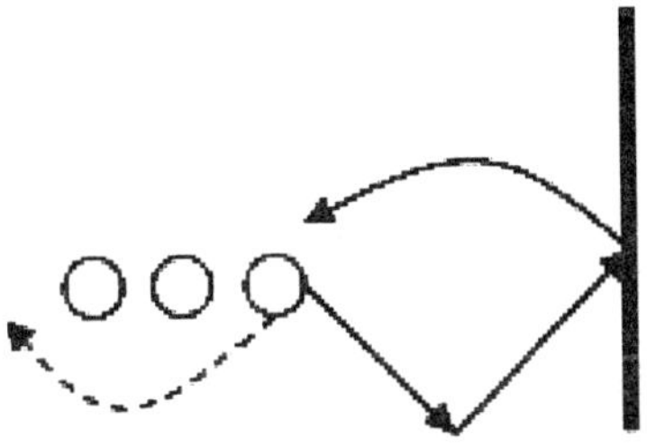

图 4－43　对墙扣球接力游戏图解

（二）扣球线路比赛

1. 游戏目的

训练学生的扣球的基本线路变化，提高学生的扣球能力，培养学生团结互助的精神。

2. 游戏方法

将学生分为2组,将场地纵向分为2片。一组扣球,一组计数。在4号位扣二传队员传的球。每人扣2个,向两片区域各扣1个,扣到区域内得1分。3轮过后,得分多的获胜(图4-44)。

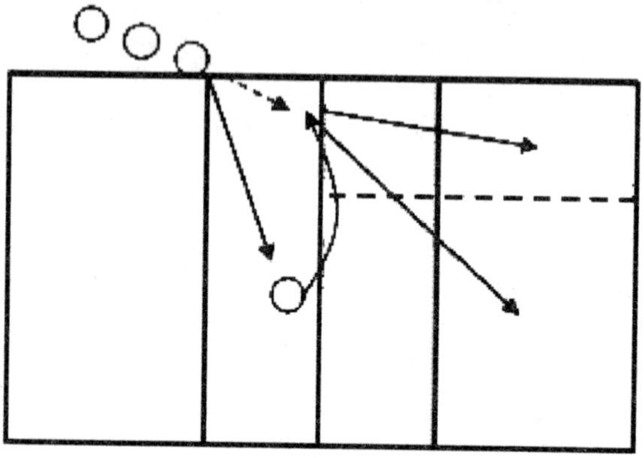

图4-44　扣球线路游戏图解

(三)扣球落点比赛

1. 游戏目的

训练学生的扣球落点控制能力,提高学生的扣球水平。培养学生的集体荣誉感。

2. 游戏方法

将学生分为2组,将场地小斜线、大斜线、直线处放3个1米×0.5米的垫子。一组扣球,一组计数。在4号位扣二传队员传的球。每人扣3个,向3个垫子各扣1个,扣到垫子得1分。两轮过后,得分多的获胜(图4-45)。

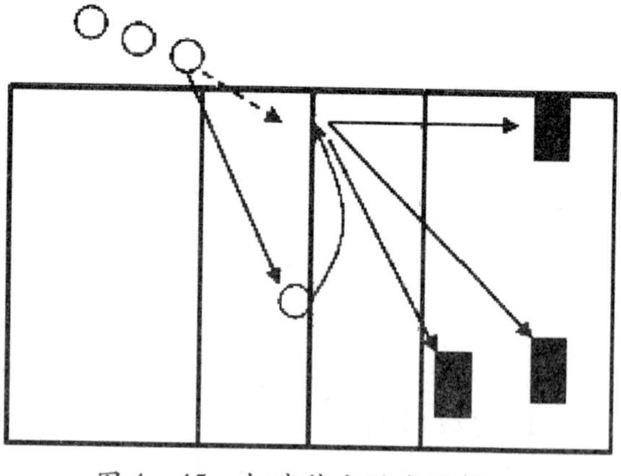

图4-45　扣球落点游戏图解

（四）扣球记分赛

1. 游戏目的

提高学生扣球的准确性和控制球的能力。

2. 游戏方法

将场地画为6个得分区，将学生分为两组，在4号位扣球，全队依次扣球过网，以球落点区域计算得分。得分高的队伍胜（图4－46）。

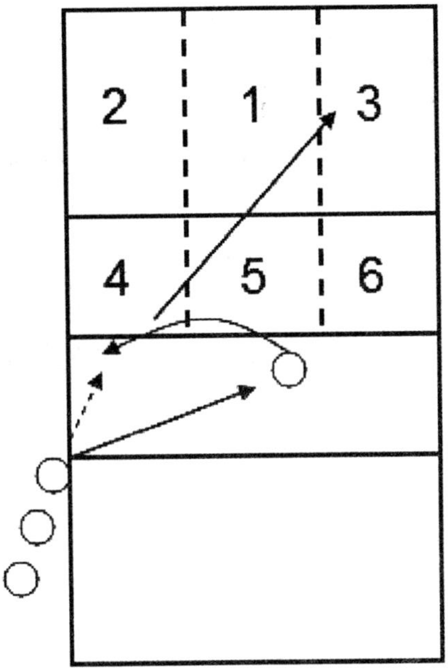

图4－46　扣球记分游戏图解

（五）扣球扫雷

1. 游戏目的

提高学生扣球技术和准确性。

2. 游戏方法

在底线放3个实心球，将学生分为两组，每人分别在2、3、4号位扣抛球，扣中实心球扫雷成功，看哪队扫的雷多（图4－47）。

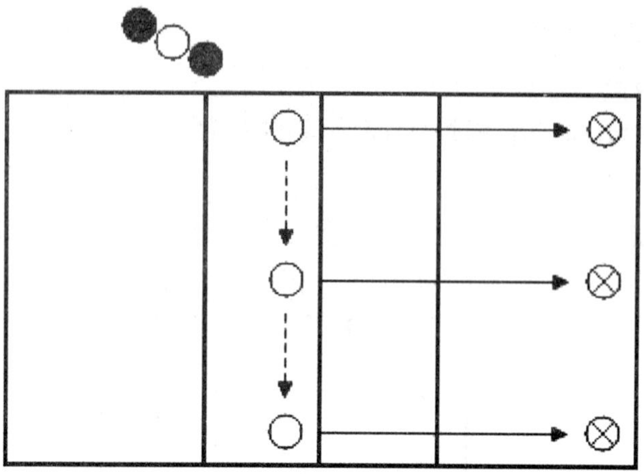

图 4－47　扣球扫雷游戏图解

第五节　拦网技术快乐速成途径

一、练习步骤

(一)徒手练习

1. 原地拦网练习

2. 移动拦网练习

(二)结合球练习

1. 原地拦抛球(图 4－48)

图 4－48　原地拦抛球

2. 隔网拦抛球(图 4 -49)

图 4 -49　隔网拦抛球

3. 隔网拦扣固定球(图 4 -50)

图 4 -50　隔网拦扣固定球

4. 隔网拦扣抛球(图 4 -51)

图 4 -51　隔网拦扣抛球

5. 拦对方扣球(图 4－52)

图 4－52　拦对方扣球

二、快乐拦网游戏

(一)拦抛球比赛

1. 游戏目的

练习学生的拦网手型、拦网动作,以及起跳时机。培养学生的团结协作的精神。

2. 游戏方法

2 人 1 组,1 人在进攻线附近向网口抛球,另 1 人拦网,每人各抛拦 20 个球。比赛哪组两人配合最默契,失误最少(图 4－53)。

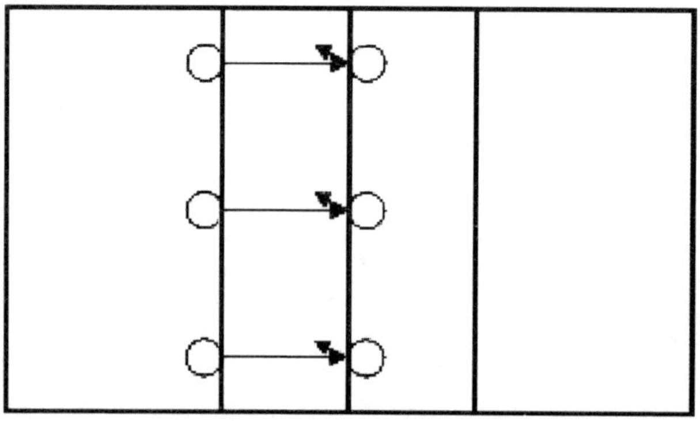

图 4－53　拦抛球游戏图解

（二）拦网对抗比赛

1. 游戏目的

练习学生的拦网判断、反应、起跳时机及发力。

2. 游戏方法

将学生分为两组，教练向网口抛球，每组各派 1 名同学在网前拦网，看哪组得分多（图 4－54）。

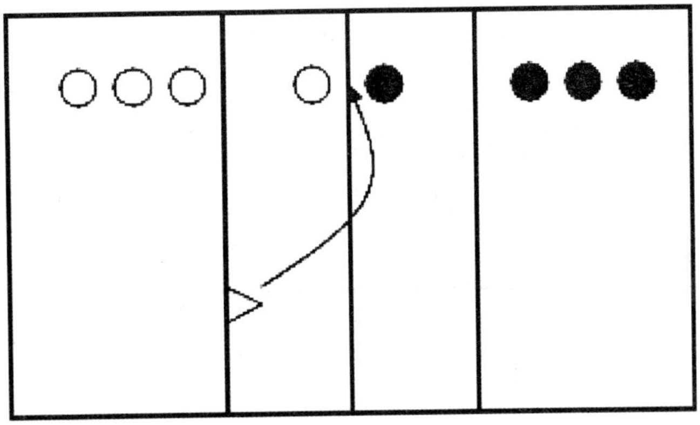

图 4－54 拦网对抗游戏图解

（三）拦网追逐比赛

1. 游戏目的

锻炼学生拦网的判断，反应，移动。

2. 游戏方法

将学生分为两组，一组做动作，一组追逐跟着做动作。然后交换，看哪组追逐的成功次数多（图 4－55）。

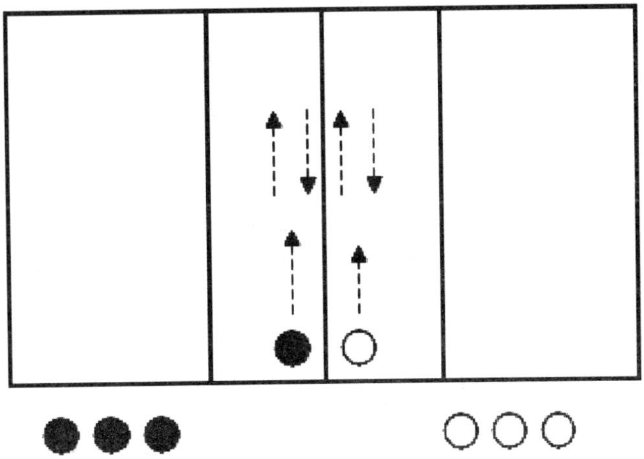

图 4－55 拦网追逐游戏图解

第六节　集体攻防技战术练习范例

一、扣拦比赛

（一）练习目的

通过练习，训练学生的扣球和拦网能力。

（二）练习方法

3 人 1 组，由教练抛球给二传队员，1 组分别在 4 号位、3 号位、2 号位扣球。另 1 组拦网，3 号位拦网人要向 2、4 号位移动。每组扣 15 个球，拦在界内多的获胜（图 4－56）。

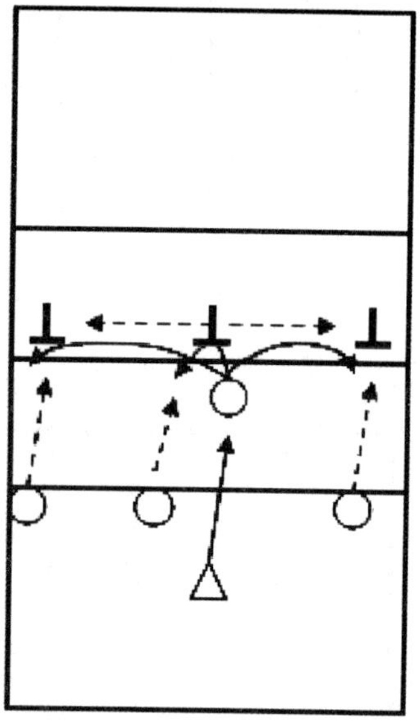

图 4－56　扣拦游戏图解

二、拦防比赛

（一）练习目的

提高学生的扣球能力、拦网能力和防守站位意识，练习防守阵形。

(二)练习方法

6人1组,教练抛球给二传队员,其他人在2 、3、4号位扣球,对方前排采用双人拦网,后排采用边跟进防守阵形。拦网得分转1轮,防到位3个球转1轮,转完6轮用球最少的1组获胜(图4－57)。

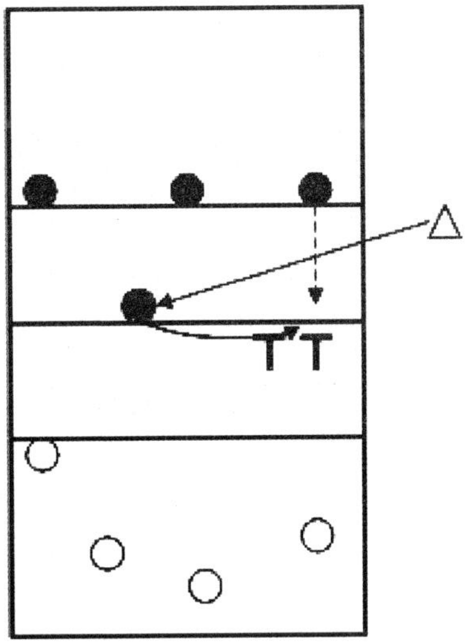

图4－57　拦防游戏图解

三、一攻一防反比赛

(一)练习目的

培养学生的实战能力,提高学生扣球拦网能力,以及学生的防守战术运用能力。

(二)练习方法

6人1组,1组接教练球进行一攻,另一组组织防守,进行防反。每组打20个一攻球,进行比赛,得分多的组胜利(图4－58)。

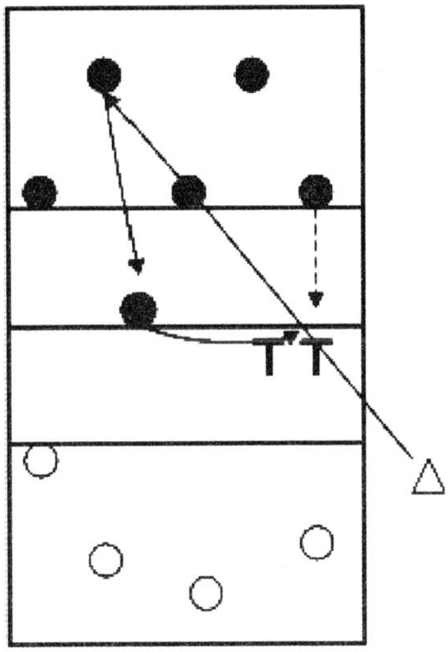

图4－58　一攻一防反游戏图解

第七节 排球专项身体素质练习范例

一、推小车接力

（一）练习目的

锻炼学生上肢力量和腰腹力量，培养学生相互合作精神。

（二）练习方法

将学生分为2组，两两一对推小车（一人趴下两臂支地，一人在后面架着趴下的人的腿，让趴下的人用手前进）。从端线出发，到达另一端线处对换再返回起点，下一组继续，直到所有队员完成。先完成的组胜利（图4－59）。

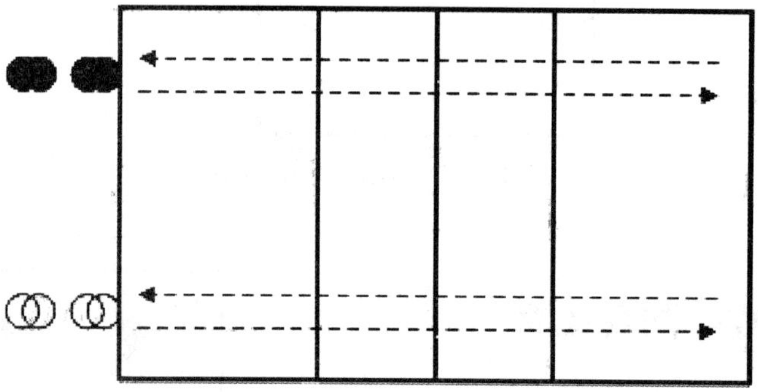

图4－59 推小车接力游戏图解

二、步法移动接力

（一）练习目的

训练学生的移动步伐和移动速度，培养学生的团结合作的精神。

（二）练习方法

将学生分为2组，进行移动接力，从端线一角跑步到对角进攻线，再用交叉步沿进攻线移动至另一边线，接着跨步到中线，再用滑步移动至另一边线，然后跨步到进攻线，最后跑步返回起点。先完成的组获胜（图

4－60）。

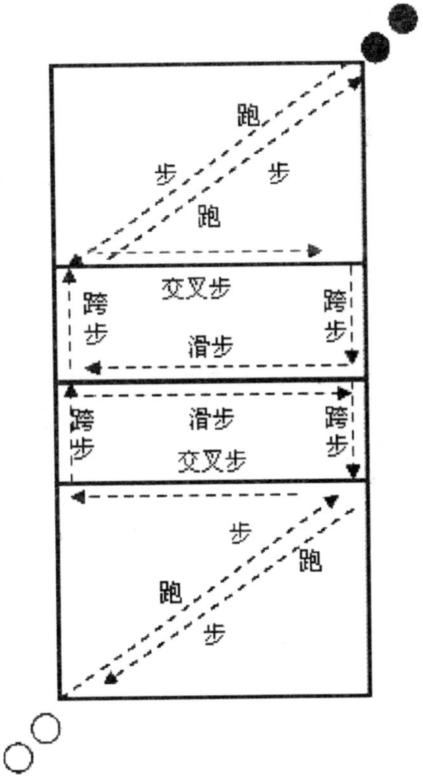

图4－60　步法移动接力游戏图解

三、仰卧抛接球

（一）练习目的

锻炼学生的腰腹力量以及协调能力。

（二）练习方法

2人1组，1人抛球，1人做仰卧起坐。要求练习队员躺下过程中接住抛球，起来的过程中把球扔给抛球队员（图4－61）。

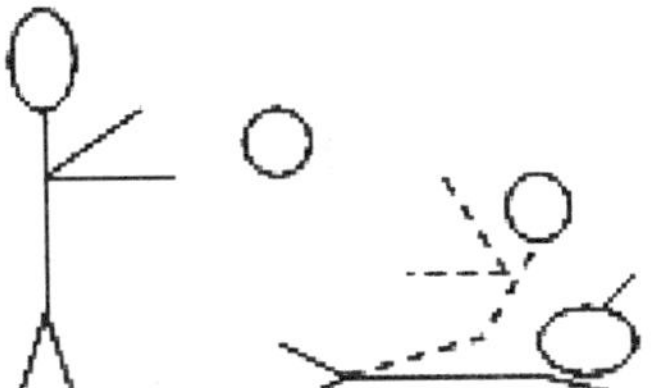

图4－61　仰卧抛接球游戏图解

四、连续拦网扣球

（一）练习目的

锻炼学生的弹跳力，巩固学生的扣球、拦网技术。

（二）练习方法

教练抛4号位一般球，学生连续扣5个球，每次扣球前先拦网，再撤回、上步扣球（图4－62）。

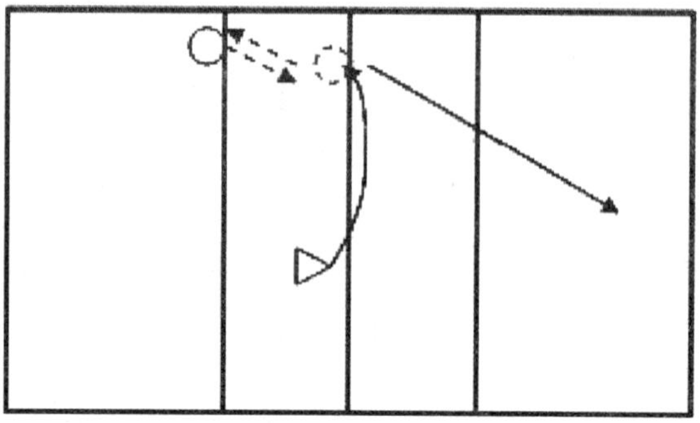

图4－62　连续拦网扣球游戏图解

五、躲避球击

（一）练习目的

提高学生的灵敏性和反应速度。

（二）练习方法

将学生分为2队，一队在界内，一队在界外，在界外的用2个球抛击界内队员，被击中的就出场。对方全队被击中出场则本方胜出（图4－63）。

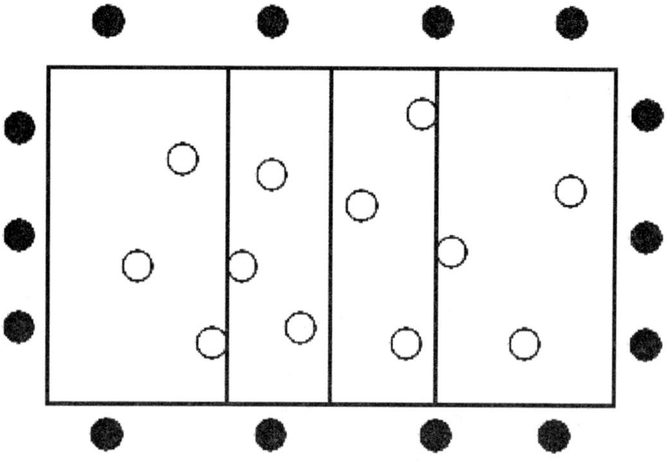

图4－63　躲避球击游戏图解

第五章

娱乐排球运动形式

排球运动深受广大群众的喜爱，在长期的实践中，排球又发展成为拥有多制式、多形式的娱乐体育运动。本章主要介绍不同制式的排球竞赛形式，以及气排球、软式排球运动。

第一节　不同制式的排球竞赛形式

根据不同水平、不同参与人群的具体情况，娱乐排球运动繁衍成拥有不同制式的排球竞赛形式，如男女混合排球赛、4 人制排球比赛、9 人制排球比赛等。

一、男女混合排球赛

男女混合排球赛主要在机关、学校、公司、社区中开展。由于一般参与人群的排球技术基础不是很好，因此组织这类比赛主要是通过比赛达到增进友谊、健身怡神的目的。比赛中要求每支队伍上场队员中保持至少有 1（或 2）名女性。网高一般在 2.30 米左右。一些比赛中使用软式排球或气排球，降低比赛的难度，同时也增强比赛的娱乐性。比赛中女队员成为对方突破得分的重点目标。因此，男队员会主动帮助女队员接球，甚至在出现危急的情况下要保护女队员。女队员往往在比赛中制造快乐气氛。队员们在轻松愉快的气氛中进行比赛，能增进感情，增强了解。

图 5 - 1　男女混合排球比赛

二、4 人制排球比赛

1991 年,四川省率先在中小学生中开展 4 人制排球。经过多年的推广,参与面不断扩宽,从最初的只有青少年参与,到后来业余排球爱好者不断加入。

主要规则有:一切扣球进攻不得踏越进攻线起跳(扣探头球除外);不得轻打、吊入对方进攻区;中学男子网高 2. 35 米,女子 2. 15 米,小学网高 2. 00 ~ 2. 15 米。

中小学 4 人制排球比赛的出现,一是丰富排球比赛的制式,使排球竞赛形式和开展的手段灵活、多样、简单易行,以适应现阶段较简陋的中小学体育基础设施;二是简化排球比赛形式,降低比赛的技巧性要求,减少过多的失误,增加比赛的连续性,使比赛充满趣味,唤起青少年学生对排球运动的兴趣和参与动机;三是通过减少比赛人数,加强比赛的竞争性,强化参赛者的比赛意识,促使其全力投入;四是巩固提高中小学生排球运动员发球、一传、传球、扣球的防守技术基本功,并强化基本技术的运用能力,使之适应现代排球运动发展趋势。图 5 - 2 为四川省中学生 4 人制排球比赛。

图 5-2 四川省中学生4人制排球比赛

三、9人制排球比赛

我国早在1927年就出现了9人制排球比赛，有着广泛的群众基础。直到现在，在我国的沿海地区9人制排球比赛开展得红红火火，而且具有较高的竞技水平。

9人制排球比赛的主要规则有：双方各上9名队员；男子比赛场地长22米、宽11米，女子比赛场地长18米、宽9米；男子网高2.30米，女子网高2.10米；场上队员位置不轮转，也不固定，无前后排之分；按照事先安排好的顺序依次发球，第一次发球失误后还有第二次机会；拦网时不允许将手伸过网拦截触球；拦网被算作1次击球；对持球的判罚较松。

图 5-3 9人制排球比赛

第二节　气排球

气排球是开始于我国的一项群众性排球活动。1984 年,呼和浩特铁路局济宁分局为了开展老年人体育活动,在没有规则限制的情况下,组织离退休职工用气球在排球场上进行健身活动。在实践摸索中,人们发现气球过轻且易爆,于是将两个气球套在一起打,最后又改用儿童软塑球。随后参照室内 6 人排球规则制定了简单的比赛规则,并将这种活动形式取名为“气排球”。由于气排球重量轻,对参与者的伤害较小,并且运动量和运动强度不大,因此特别适合少年儿童和中老年人进行强身健体活动。

气排球竞赛规则与室内 6 人制竞赛规则相比,有以下几个特殊规则:

第一,气排球由软塑料制成,重约 100 ~ 150 克,圆周 79 ~ 85 厘米。

第二,比赛场地长 12 米 ,宽 6 米,进攻线距离中心线 2 米。

第三,比赛网高男子 2 米,女子 1.80 米。

第四,上场队员 5 名。

第五,进攻性击球。队员在前场区采用攻击力强的扣、抹、加压吊动作(探头球除外),将高于球网上沿的球击入对区、则判犯规;但采用攻击力小的传、顶、挑的动作,击球的底部或下半部,使球具有一定向上的弧度过网不算犯规。

第六,拦网。不得在前场区拦对方的发球和对方队员从前场区直接击过网的球,只允许拦对方队员在后场区直接击过网的球。

随着气排球运动的不断发展,气排球的规则也在不断地变化。目前气排球竞赛规则变化的趋势是与室内 6 人制排球竞赛规则差别越来越小。如除了场地、器材不同之外,其他规则均与室内 6 人制排球相同,取消进攻性击球和拦网的特殊规定。一些地方将普通排球场地改造成气排球场地,其规格为长 12 米,宽 9 米,这样就有助于利用现有场地资源,便于气排球运动的推广,甚至直接在羽毛球场地举行气排球比赛。

图 5-4　气排球比赛

第三节　软式排球

20 世纪 80 年代初,软式排球在日本梨县诞生,成为日本中老年人和家庭娱乐健身的一项体育活动。1988 年 2 月,日本排球协会制定了软式排球竞赛规则。1988 年 8 月,在神奈川县举办了第一届全日本软式排球培训班。1988 年 10 月,在日本梨县举行了“全日本家庭软式排球比赛”,并在之后每年举办一次。1989 年 4 月,日本正式出版了第一本《软式排球竞赛规则》,并在全国各都、道、府、县分别举行了家庭软式排球比赛。1992 年 3 月,软式排球运动进入日本学校,成为中小学体育课的一项教学内容。1993 年 4 月,“日本沙滩及软式排球协会”成立。自此,软式排球在日本全面普及并向国外推广。目前,软式排球在日本、意大利、加拿大、新加坡、韩国、美国、中国等国已广泛开展。

1995 年 8 月,北京体育大学在全校教职工中举办了我国首届软式排球比赛。1996 年,中国排球协会在《中国排球事业 2001 年计划纲要》中提出:“要通过开展软式排球激发青少年对排球运动的兴趣,并把软式排球发展成为全民健身和文化娱乐的基本构成单元,在全国开展和普及这项运动。”1996 年,原国家体委正式颁布了我国第一部《软式排球竞赛规则》。同年,国家体委排球协会正式决定:中国排协拟大力开展沙滩排球和软式排球活动,以吸引广大青少年投入其中。2000 年 11 月,在国家教育部颁布修订的《全日制中、小学〈体育与健康〉教学大纲》中,首次将软式排球纳入教学大纲内容,表明将有更多的青少年参与到软式排球运动的行列中来。

现行的软式排球竞赛规则与室内 6 人制排球竞赛规则基本相同,主要有以下几个不同点:

第一,正式比赛分为 A 制(4 人)和 B 制(6 人)。

第二,A 制比赛场区长 16 米、宽 9 米,B 制比赛场区长 18 米、宽 9 米。

第三,球由柔软的材料制成,浅色,成人组比赛用球圆周 65 ~ 67 厘米,重量 220 ~ 240 克,青少年组比赛用球圆周 63 ~ 65 厘米,重量 200 克 ~ 220 克。

第四,A 制比赛中 1 号位为后排队员,2、3、4 号位为前排队员。

总的来讲,软式排球竞赛规则和室内 6 人制排球竞赛规则差别较小,加之球柔软,对手的伤害较小,因此深受人们的喜爱,开展起来较容易。

图 5 – 5　软式排球比赛

第六章

排球运动综合知识

第一节　运动价值

排球运动的价值内涵十分丰富。对青少年来讲，排球运动的价值主要体现在以下 5 个方面：全面提高青少年身体素质；促进青少年运动技能形成；提高青少年运动参与性，养成阳光健康生活方式；增强青少年社会适应性；培养青少年健康心理品质。而这些价值基本与中小学《体育与健康课程》的目标相吻合。因此排球也是青少年最合适参与的体育运动之一。

一、全面提高青少年身体素质

提高身体素质是青少年参与体育运动非常重要的目标之一。排球运动包含各种身体动作，是一项对参与者综合能力要求较强的项目。特别是在身体素质方面，对弹跳、力量、速度、灵敏、耐力等都有较高的要求。青少年参加排球运动，通过跑动、跳跃、倒地、击球等一系列复杂的动作，一方面能改善人体中枢神经系统和内脏器官的功能，另一方面又能综合提高身体素质和运动能力。

二、促进青少年运动技能形成

通过参与排球运动，青少年可以学会多种基本运动技能。排球运动是一项集体性很强的项目，在学校中容易开展。众多学生在一起打排球能让他们感受排球的乐趣，在此基础上形成对排球运动的兴趣爱好，从而在参与排球运动的过程中学到各种运动技能。

三、提高青少年运动参与性，养成阳光健康生活方式

运动参与是学生全面提高身体素质、形成运动技能、养成乐观开朗的生活态度的重要途径。在充满乐趣的排球运动中，能培养青少年参与体育活动的兴趣和爱好，形成坚持锻炼身体的习惯和终身体育的意识。青少年养成了参与体育活动的兴趣和爱好，就会经常进行体育锻炼，从而养成阳光健康的生活方式。

四、增强青少年社会适应性

排球运动的集体性对发展学生的社会适应能力方面有独特的作用。在排球运动中，队员需要相互交流、相互帮助、齐心协力，发挥集体的智慧和力量才能取得比赛的胜利，能提高青少年团队合作的精神，增强竞争意识、交往能力。青少年获得了这些能力，会在竞争激烈的社会中占得先机。

五、培养青少年健康心理品质

排球运动不仅有助于身体健康，也能培养青少年健康的心理品质。排球运动是一项集体运动，比赛的胜负不会因某一人发挥好而取得比赛胜利，也不会因某一人发挥失常而输掉比赛。因此参与排球运动会经常感受到胜利和失败。不断的磨炼帮助青少年培养正确认识胜负的意识，并养成胜不骄败不馁的品质。在排球运动中还能提高青少年的自信心，磨炼意志品质以及调节情绪的能力，促进青少年身心健康协调发展。

第二节　排球运动的几大国际赛事

在国际排联的大力发展下，排球运动形成了两大系列国际大赛，即“世界三大赛”和商业比赛。“世界三大赛”包括世界锦标赛、世界杯赛、奥运会排球赛。商业比赛主要有世界男排联赛、世界女排大奖赛、世界

大冠军杯赛。

一、"世界三大赛"

(一)世界排球锦标赛

世界排球锦标赛是世界上最早的且规模最大的一项比赛。1949 年第一届世界男排锦标赛在布拉格举行。1952 年第一届世界女排锦标赛在莫斯科举行。以后每隔 4 年举行一次。从 1962 年起改在奥运会后第 2 年举行,冠军获得者可直接参加下届奥运会。截止到 2006 年,男排举办了 16 届,女排举办了 15 届。队伍数量从起初不予限制到限定为 16 支又增加至 24 支。

表 6-1 历届世界男子排球锦标赛前 3 名及中国队成绩统计表

届数	时间	举办地	参赛队数	前 3 名队伍
第一届	1949 年	捷克斯洛伐克 布拉格	10 支	1. 苏联 2. 捷克斯洛伐克 3. 保加利亚
第二届	1952 年	苏联 莫斯科	11 支	1. 苏联 2. 捷克斯洛伐克 3. 保加利亚
第三届	1956 年	法国 巴黎	24 支	1. 捷克斯洛伐克 2. 罗马尼亚 3. 苏联 9. 中国
第四届	1960 年	巴西 里约热内卢	14 支	1. 苏联 2. 捷克斯洛伐克 3. 罗马尼亚
第五届	1962 年	苏联 莫斯科	19 支	1. 苏联 2. 捷克斯洛伐克 3. 罗马尼亚 9. 中国
第六届	1966 年	捷克斯洛伐克 布拉格	22 支	1. 捷克斯洛伐克 2. 罗马尼亚 3. 苏联 9. 中国

第七届	1970 年	保加利亚 索非亚	24 支	1. 民主德国 2. 保加利亚 3. 日本
第八届	1974 年	墨西哥 墨西哥城	24 支	1. 波兰 2. 苏联 3. 日本 15. 中国
第九届	1978 年	意大利 罗马	24 支	1. 苏联 2. 意大利 3. 古巴 7. 中国
第十届	1982 年	阿根廷 布宜诺斯艾利斯	24 支	1. 苏联 2. 巴西 3. 阿根廷 7. 中国
第十一届	1986 年	法国 巴黎	16 支	1. 美国 2. 苏联 3. 保加利亚 12. 中国
第十二届	1990 年	巴西 里约热内卢	16 支	1. 意大利 2. 古巴 3. 苏联
第十三届	1994 年	希腊 雅典	16 支	1. 意大利 2. 荷兰 3. 美国 13. 中国
第十四届	1998 年	日本 东京	24 支	1. 意大利 2. 南斯拉夫 3. 古巴 15. 中国
第十五届	2002 年	阿根廷	24 支	1. 巴西 2. 俄罗斯 3. 法国 13. 中国
第十六届	2006 年	日本	24 支	1. 巴西 2. 波兰 3. 保加利亚 17. 中国

表6－2　历届世界女子排球锦标赛前3名及中国队成绩统计表

届数	时间	举办地	参赛队数	前3名队伍
第一届	1952 年	苏联 莫斯科	8 支	1. 苏联 2. 波兰 3. 捷克斯洛伐克
第二届	1956 年	法国 巴黎	16 支	1. 苏联 2. 罗马尼亚 3. 波兰 6. 中国

第三届	1960 年	巴西 里约热内卢	10 支	1. 苏联 2. 日本 3. 捷克斯洛伐克
第四届	1962 年	苏联 莫斯科	14 支	1. 日本 2. 苏联 3. 波兰 9. 中国
第五届	1967 年	日本 东京	4 支	1. 日本 2. 美国 3. 韩国
第六届	1970 年	保加利亚 瓦尔纳	16 支	1. 苏联 2. 日本 3. 朝鲜
第七届	1974 年	墨西哥 瓜达加拉加	23 支	1. 日本 2. 苏联 3. 韩国
第八届	1978 年	苏联 列宁格勒	23 支	1. 古巴 2. 日本 3. 苏联 6. 中国
第九届	1982 年	秘鲁 利马	23 支	1. 中国 2. 秘鲁 3. 美国
第十届	1986 年	捷克斯洛伐克 普拉哈	16 支	1. 中国 2. 古巴 3. 秘鲁
第十一届	1990 年	中国 北京	16 支	1. 苏联 2. 中国 3. 美国
第十二届	1994 年	巴西 圣保罗	16 支	1. 古巴 2. 巴西 3. 俄罗斯 8. 中国
第十三届	1998 年	日本 东京	16 支	1. 古巴 2. 中国 3. 俄罗斯
第十四届	2002 年	德国	24 支	1. 意大利 2. 美国 3. 俄罗斯 4. 中国
第十五届	2006 年	日本	24 支	1. 俄罗斯 2. 巴西 3. 塞尔维亚和黑山 5. 中国

（二）世界杯赛

世界杯赛原为欧、亚、美三大洲的男子排球赛，1984 年国际排联将该项比赛扩大成为世界性比赛，并称其为世界杯赛。1965 年在华沙举行了第一届男排世界杯赛，1978 年在蒙得维的亚举行了第一届女排世界杯赛，以后每 4 年举行一次。后经国际排联批准，从 1977 年开始，举办的地点固定在日本。世界杯赛的参赛队伍最多不超过 12 个，一般是由东道国代表队、上届冠军队和各洲锦标赛的前 2 名构成。苏联曾 3 次夺冠,意大利和俄罗斯也分别2次问鼎。

表6-3 历届男子世界杯排球赛前3名及中国队成绩统计表

届数	时间	举办地	参赛队数	前3名队伍
第一届	1956年	波兰华沙	11支	1.苏联 2.波兰 3.捷克斯洛伐克
第二届	1969年	民主德国 东柏林	10支	1.民主德国 2.日本 3.保加利亚
第三届	1977年	日本 东京	12支	1.苏联 2.日本 3.古巴 5.中国
第四届	1981年	日本 东京	8支	1.苏联 2.古巴 3.巴西 5.中国
第五届	1985年	日本 东京	8支	1.美国 2.苏联 3.捷克斯洛伐克
第六届	1989年	日本 东京	8支	1.古巴 2.意大利 3.苏联
第七届	1991年	日本 东京	12支	1.俄罗斯 2.古巴 3.美国
第八届	1995年	日本 东京	12支	1.意大利 2.荷兰 3.巴西 9.中国
第九届	1999年	日本 东京	12支	1.俄罗斯 2.古巴 3.意大利 11.中国
第十届	2003年	日本 东京	12支	1.巴西 2.意大利 3.塞尔维亚和黑山 10.中国
第十一届	2007年	日本	12支	1.巴西 2.俄罗斯 3.塞尔维亚和黑山

表 6-4　历届女子世界杯排球赛前 3 名及中国队成绩统计表

届数	时间	举办地	参赛队数	前 3 名队伍
第一届	1973 年	乌拉圭 蒙得维的亚	10 支	1. 苏联 2. 日本 3. 韩国
第二届	1977 年	日本 东京	8 支	1. 日本 2. 古巴 3. 韩国 4. 中国
第三届	1981 年	日本 大阪	8 支	1. 中国 2. 日本 3. 苏联
第四届	1985 年	日本 东京	8 支	1. 中国 2. 古巴 3. 苏联
第五届	1989 年	日本 名古屋	8 支	1. 古巴 2. 苏联 3. 中国
第六届	1991 年	日本 大阪	12 支	1. 古巴 2. 中国 3. 俄罗斯
第七届	1995 年	日本 大阪	12 支	1. 古巴 2. 巴西 3. 中国
第八届	1999 年	日本 东京	12 支	1. 古巴 2. 俄罗斯 3. 巴西 5. 中国
第九届	2003 年	日本 大阪	12 支	1. 中国 2. 巴西 3. 美国
第十届	2007 年	日本 东京	12 支	1. 意大利 2. 巴西 3. 美国

（三）奥运会排球赛

1964 年在日本东京举行的第 18 届奥运会上，排球比赛正式列为奥运会比赛项目。奥运会是世界最高水平比赛，每 4 年举行一次。奥运会排球赛的参赛队一般为 12 队，其参赛队伍一般为各洲的冠军队、主办国的代表队、上一届世界排球锦标赛的前 3 名，还有通过预选赛产生的 3 支球队。

表6－5　历届奥运会男子排球赛前3名及中国队成绩统计表

届数	时间	举办地	参赛队数	前3名队伍
第十八届	1964年	日本 东京	10支	1. 苏联 2. 捷克斯洛伐克 3. 日本
第十九届	1968年	墨西哥 墨西哥城	10支	1. 苏联 2. 日本 3. 捷克斯洛伐克
第二十届	1972年	德国 慕尼黑	12支	1. 日本 2. 民主德国 3. 苏联
第二十一届	1976年	加拿大 蒙特利尔	9支	1. 波兰 2. 苏联 3. 古巴
第二十二届	1980年	苏联 莫斯科	10支	1. 苏联 2. 保加利亚 3. 罗马尼亚
第二十三届	1984年	美国 洛杉矶	10支	1. 美国 2. 巴西 3. 意大利 8. 中国
第二十四届	1988年	韩国 汉城	12支	1. 美国 2. 苏联 3. 阿根廷
第二十五届	1992年	西班牙 巴塞罗那	12支	1. 巴西 2. 荷兰 3. 美国
第二十六届	1996年	美国 亚特兰大	12支	1. 荷兰 2. 意大利 3. 南斯拉夫
第二十七届	2000年	澳大利亚 悉尼	12支	1. 南斯拉夫 2. 俄罗斯 3. 意大利
第二十八届	2004年	希腊 雅典	12支	1. 巴西 2. 意大利 3. 俄罗斯
第二十九届	2008年	中国 北京	12支	1. 美国 2. 巴西 3. 俄罗斯 5. 中国

表6－6　历届奥运会女子排球赛前3名及中国队成绩统计表

届数	时间	举办地	参赛队数	前3名队伍
第十八届	1964年	日本 东京	6支	1.日本 2.苏联 3.波兰
第十九届	1968年	墨西哥 墨西哥城	8支	1.苏联 2.日本 3.波兰
第二十届	1972年	德国 慕尼黑	8支	1.苏联 2.日本 3.朝鲜
第二十一届	1976年	加拿大 蒙特利尔	8支	1.日本 2.苏联 3.韩国
第二十二届	1980年	苏联 莫斯科	8支	1.苏联 2.民主德国 3.保加利亚
第二十三届	1984年	美国 洛杉矶	8支	1.中国 2.美国 3.日本
第二十四届	1988年	韩国 汉城	8支	1.苏联 2.秘鲁 3.中国
第二十五届	1992年	西班牙 巴塞罗那	8支	1.古巴 2.独联体 3.美国 7.中国
第二十六届	1996年	美国 亚特兰大	12支	1.古巴 2.中国 3.巴西
第二十七届	2000年	澳大利亚 悉尼	12支	1.古巴 2.俄罗斯 3.巴西 5.中国
第二十八届	2004年	希腊 雅典	12支	1.中国 2.俄罗斯 3.古巴
第二十九届	2008年	中国 北京	12支	1.巴西 2.美国 3.中国

中国排球在“世界三大赛”取得的好成绩：

中国女排一共获得7次冠军，最辉煌的是20世纪80年代取得的“五连冠”。

1981年11月中国女排首次获得第三届世界杯排球赛冠军。

1982年9月中国女排获得第九届世界女子排球锦标赛冠军。

1984年7月中国女排在第二十三届洛杉矶奥运会排球赛中荣获冠军，从而取得“三连冠”的荣誉。

1985年11月中国女排获第四届世界杯女子排球赛冠军。

1986年9月中国女排获得第十届世界女排锦标赛冠军，至此，获得了“五连冠”殊荣。

图 6－1　1981 年世界杯

图 6－2　1982 年世界锦标赛

图 6－3　1984 年奥运会

图 6－4　1985 年世界杯

时隔 17 年,2003 年 11 月中国女排获得世界杯女排赛冠军。
2004 年 8 月中国女排获得第二十八届雅典奥运会冠军。
2008 年 8 月中国女排获得第二十九届北京奥运会第 3 名。

图 6-6　2003 年世界杯

图 6-7　2004 年奥运会

中国男排在历史上取得的好成绩:
1981 年 11 月中国男排获得第三届世界杯排球赛第 5 名。

1982 年 9 月中国男排获得第九届世界男子排球锦标赛第 7 名。

2008 年 8 月中国男排获得第二十九届北京奥运会第 5 名。

图 6－8　2008 年奥运会

二、商业比赛

（一）世界男排联赛

图 6－9　世界男排联赛标识

世界男排联赛是国际排联组织的商业性质的国际比赛，开始于 1990 年，目的是扩大排球在全球的影响力，参赛队为五大洲的国家队，比赛一般在夏季进行，为时 1～2 个月。世界男排联赛的规模在不断扩大，从最初的 8 支球队到后来的 12 支球队，现在已经达到 16 支球队。

表6－7　历届世界男排联赛前3名及中国队成绩统计表

届数	时间	参赛队数	前3名队伍
第一届	1990年	8支	1.意大利 2.荷兰 3.巴西 8.中国
第二届	1991年	10支	1.意大利 2.古巴 3.俄罗斯
第三届	1992年	12支	1.意大利 2.古巴 3.美国 9.中国
第四届	1993年	12支	1.巴西 2.俄罗斯 3.意大利 7.中国
第五届	1994年	12支	1.意大利 2.古巴 3.巴西 11.中国
第六届	1995年	12支	1.意大利 2.巴西 3.古巴 11.中国
第七届	1996年	11支	1.荷兰 2.意大利 3.俄罗斯 6.中国
第八届	1997年	12支	1.意大利 2.古巴 3.俄罗斯 10.中国
第九届	1998年	12支	1.古巴 2.俄罗斯 3.荷兰
第十届	1999年	12支	1.意大利 2.古巴 3.巴西
第十一届	2000年	12支	1.意大利 2.俄罗斯 3.巴西
第十二届	2001年	16支	1.巴西 2.意大利 3.俄罗斯
第十三届	2002年	16支	1.俄罗斯 2.巴西 3.南斯拉夫 9.中国
第十四届	2003年	16支	1.巴西 2.塞尔维亚和黑山 3.意大利
第十五届	2004年	12支	1.巴西 2.意大利 3.塞尔维亚和黑山 10.中国
第十六届	2005年	12支	1.巴西 2.塞尔维亚和黑山 3.古巴
第十七届	2006年	16支	1.巴西 2.法国 3.俄罗斯 13.中国
第十八届	2007年	16支	1.巴西 2.俄罗斯 3.美国
第十九届	2008年	16支	1.美国 2.塞尔维亚 3.俄罗斯 7.中国

(二)世界女排大奖赛

图6－10　世界女排大奖赛标识

世界女排大奖赛自1993年举办首届赛事以来已经进行了17届，中国女排参加了全部的17届比赛，并在2003年击败俄罗斯首次问鼎大奖赛的冠军，这也是中国女排唯一的一次夺冠经历。巴西女排是世界女排大奖赛的最大赢家，她们曾经获得过6次冠军，2004～2006年更是获得了三连冠，此外，俄罗斯曾三度问鼎，美国和古巴两度折桂，而中国队和荷兰则仅有一次夺冠的经历。

表6－8　历届世界女排大奖赛前3名及中国队成绩统计表

届数	时间	参赛队数	前3名队伍
第一届	1993年	8支	1.古巴 2.中国 3.俄罗斯
第二届	1994年	12支	1.巴西 2.古巴 3.中国
第三届	1995年	8支	1.美国 2.巴西 3.古巴 4.中国
第四届	1996年	8支	1.巴西 2.古巴 3.俄罗斯 4.中国
第五届	1997年	8支	1.俄罗斯 2.古巴 3.韩国 5.中国
第六届	1998年	8支	1.巴西 2.俄罗斯 3.古巴 4.中国
第七届	1999年	8支	1.俄罗斯 2.巴西 3.中国
第八届	2000年	8支	1.古巴 2.俄罗斯 3.巴西 4.中国
第九届	2001年	8支	1.美国 2.中国 3.俄罗斯
第十届	2002年	8支	1.俄罗斯 2.中国 3.德国
第十一届	2003年	12支	1.中国 2.俄罗斯 3.美国
第十二届	2004年	12支	1.巴西 2.意大利 3.美国 5.中国
第十三届	2005年	12支	1.巴西 2.意大利 3.中国
第十四届	2006年	12支	1.巴西 2.俄罗斯 3.意大利 5.中国
第十五届	2007年	12支	1.荷兰 2.中国 3.意大利
第十六届	2008年	12支	1.巴西 2.古巴 3.意大利 5.中国
第十七届	2009年	12支	1.巴西 2.俄罗斯 3.德国 5.中国

(三)世界排球大冠军杯赛

图6-11 世界排球大冠军杯赛标识

大冠军杯赛是国际排联在奥运会后"空白年"举行的一项重要赛事,大冠军杯赛从1993年开始举办,每一届都在日本举行,共有6支队伍参赛,分别是亚洲、欧洲、南美洲、北美洲的冠军队和东道主再加一持外卡参赛的球队参加。

表6-9 历届世界男子排球大冠军杯成绩表

届数	时间	成绩排名
第一届	1993年	1. 意大利 2. 巴西 3. 古巴 4. 日本 5. 美国 6. 韩国
第二届	1997年	1. 巴西 2. 荷兰 3. 古巴 4. 中国 5. 日本 6. 澳大利亚
第三届	2001年	1. 古巴 2. 巴西 3. 南斯拉夫 4. 韩国 5. 日本 6. 阿根廷
第四届	2005年	1. 巴西 2. 美国 3. 意大利 4. 日本 5. 埃及 6. 中国

表6-10 历届世界女子排球大冠军杯成绩表

届数	时间	成绩排名
第一届	1993年	1. 古巴 2. 中国 3. 俄罗斯 4. 日本 5. 美国 6. 秘鲁
第二届	1997年	1. 俄罗斯 2. 古巴 3. 巴西 4. 中国 5. 日本 6. 韩国
第三届	2001年	1. 中国 2. 俄罗斯 3. 日本 4. 巴西 5. 美国 6. 韩国
第四届	2005年	1. 巴西 2. 美国 3. 中国 4. 波兰 5. 日本 6. 韩国

第三节 排球运动名人简介

袁伟民,原中国男排队员,中国女排教练员,1939年出生。1962年入选国家男子排球队，任主力二传。原国家体育总局局长，中国奥委会主席，中国排协主席，现中国国际文化传播中心主席。2007 年入选世界排球名人堂。袁伟民是我国体育史上第一位由运动员、教练员出身的体育最高级官员。

图 6－12　袁伟民

执教简介：

指挥中国女子排球队，分别于 1981、1982 和 1984 年，历史性地取得第三届世界杯女子排球赛、第九届世界女子排球锦标赛、第二十三届洛杉矶奥运会女子排球比赛冠军，使中国女排在世界排坛上首次取得“大满贯”“三连冠”的历史性突破。

张蓉芳，原中国女排队长，教练员。1957 年出生，1976 年进入国家队，1979 年亚洲排球锦标赛，中国队首次战胜“东洋魔女”日本队，改写“日本队称雄亚洲的历史”、第二十三届奥运会再获冠军。创造了世界杯、世界锦标赛、奥运会“三连冠”辉煌战绩。作为获得“三连冠”成就的国家女排队长和主力队员，张蓉芳立下了赫赫战功。

图 6－13　张蓉芳

执教简介：

1986 年率中国女排在第十届世界女排锦标赛中荣获冠军，1986 年率中国女排获第十届亚运会冠军。

郎平，绰号：铁榔头。中国著名女子排球运动员和教练员。1960 年出生，身高 1.84 米，曾担任主攻。

图 6－14　郎平

运动生涯简介：

1981年参加在日本举行的第三届世界杯女排赛，与队友合作，获得冠军。这是中国女子排球队第一次获世界冠军，也是中国三大球运动中第一次获世界冠军。1982年参加在秘鲁举行的第九届世界女子排球锦标赛，与队友合作，获得冠军。1984年参加在美国洛杉矶举行的第二十三届奥运会女子排球赛，与队友合作，获得冠军。1985年获第四届世界杯女排赛冠军，从而取得世界重大女排赛“四连冠”的战绩。

执教简介：

1990年带领中国女子排球队获第十一届女子排球锦标赛亚军。1995年带领中国女子排球队获世界杯女子排球赛第3名。1997年9月，率中国女子排球队参加第九届亚洲女子排球锦标赛，获得冠军。1998年11月，率中国女子排球队夺得第十三届世界女排锦标赛第2名。1998年12月，率中国女子排球队参加在泰国曼谷举行的第十三届亚运会排球比赛，获得冠军。2008年8月，率美国国家队参加北京奥运会，夺得亚军。

汪嘉伟，原中国男排队员，教练。1955年出生，1976年入选国家队。他发明了排球界非常有名的“前飞”“背飞”。

运动生涯简介：

他所在的中国男子排球队曾获第二届亚洲男子排球锦标赛冠军，第三、四届世界杯男子排球赛第5名，第八届亚运会男子排球比赛第3名，第九届亚运会男子排球比赛亚军，第十届亚运会男子排球比赛冠军。

图6-15 汪嘉伟

陈忠和，原中国女排主教练。1957年出生，身高1.78米。

执教简介：

2001年，成为国家女排队主教练。2001年，作为主教练，率队夺得世界女排“大冠军杯”赛冠军。2002年，率队获得女排世界锦标赛第4

名。2003 年,率队获得意大利世界女排大奖赛总决赛冠军。2004 年 8 月,率队在雅典奥运会女子排球决赛中击败俄罗斯女排获得冠军。2005 年,率队获得日本世界女排大奖赛总决赛第 3 名。2008 年 8 月,率队在北京奥运会女子排球铜牌战中击败古巴女排获得铜牌。

图 6－16　陈忠和

周建安,原中国男排队长,现中国男排主教练。1964 年出生。2005 年 12 月出任中国男排新任主教练,此前担任四川男排主教练。

执教简介:

2006 年率中国男排获得亚运会亚军。2008 年率中国男排获得北京奥运会第 5 名的奥运会历史最好成绩。2009 年率中国男排在世界男排联赛中以 3:2 的比分战胜 2008 年奥运会冠军美国队。

图 6－17　周建安

赵蕊蕊,原中国女排副攻手,1981 年出生,身高 1.97 米。2004 年雅典奥运会金牌。2005 年亚洲锦标赛冠军。2008 年北京奥运会铜牌。

冯坤,原中国女排二传,1978 年出生,身高 1.83 米。2004 年雅典奥运会金牌。2005 年亚洲锦标赛冠军。2008 年北京奥运会铜牌。

图 6－18　赵蕊蕊

图 6－19　冯坤

周苏红，原中国女排接应二传，1979 年出生，身高 1.82 米。2004 年雅典奥运会金牌。2005 年亚洲锦标赛冠军。2008 年北京奥运会铜牌。

王一梅，现中国女排接应二传，1988 年出生，身高 1.92 米。2006 年亚运会冠军。2008 年北京奥运会铜牌。

图 6－20　周苏红

图 6－21　王一梅

薛明，现中国女排副攻，1987 年出生，身高 1.93 米。2005 年亚洲锦标赛冠军。2008 年北京奥运会铜牌。

张翔，原中国男排主攻，1971 年出生，身高 1.94 米，曾有“亚洲飞人”“亚洲第一主攻手”的美誉。

沈琼，1981 年出生，身高 1.98 米。2006 年多哈亚运会亚军。2008 年北京奥运会第 5 名。

图 6－22　薛明

图 6－23　张翔

图 6－24　沈琼

欧亨尼奥

图 6－25　欧亨尼奥

20 世纪 80～90 年代，欧亨尼奥先后率领古巴女排创造出史无前例的“八连冠”（1991 年、1995 年、1999 年世界杯冠军；1992 年、1996 年、2000 年奥运会冠军；1994 年、1998 年世锦赛冠军）奇迹，被人们尊称成古巴女排的“教父”。

卡尔波利

图 6－26　卡尔波利

卡尔波利曾先后在 1979～1982 年和 1988～1993 年担任苏联女排的主教练，并于 1993～2004 年一直出任俄罗斯女排的主教练。他先后率领苏联女排（后俄罗斯女排）在 1980 年和 1988 年奥运会上勇获冠军，并在 1992 年、2000 年和 2004 年奥运会屈居亚军；还在 1990 年女排世锦赛上获得冠军，并且在 1994 年和 1998 年女排世锦赛上连续两届获得季军；同样在 1989 年和 1993 年女排世界杯上夺得亚军，并先后在 1981 年和 1991 年分别获得季军；此外，他还率队于 1979 年、1989 年、1991 年、1993 年、1997 年和 2001 年多次在女排欧锦赛中夺魁。

图 6－27　谢拉

谢拉，现巴西女排接应二传，1983 年出生，身高 1.85 米。2008 年北京奥运会冠军。2008 年世界女排大奖赛冠军。2009 年世界女排大奖赛冠军。

加莫娃，现俄罗斯女排主攻，1980 年出生，身高 2.04 米。2004 年雅典奥运会亚军。2006 年女排世锦赛冠军。

路易斯，原古巴女排主攻，1978 年出生，身高 1.80 米。2004 年雅典奥运会铜牌。

图 6－28　加莫娃

图 6－29　路易斯

第四节　排球运动的不同流派和打法

当今世界排球运动主要有亚洲、欧洲和拉美 3 种流派。

亚洲队伍主要特点为快速多变，以中国队、日本队为代表。他们战术多变，掩护拉开为主，后排防守出色。

图 6－30　战术多变

欧洲主要以高举高打为主,典型的代表是俄罗斯。他们主要是以2、4号位强攻及后排进攻为主,拦网出色,但后排防守相对较弱。

图6－31　高举高打

拉美则以巴西、美国为代表,他们结合了亚洲的快速以及欧洲的强攻,他们进攻多变,强攻突出,防守优秀,同时结合后排立体进攻。

图6－32　进攻多变

第五节　排球运动欣赏

一、排球运动的魅力

排球运动以其自身的魅力，吸引了全球无数观众的关注。在观看排球比赛中，观众能体会到排球运动的竞技与对抗之美，个性与团队融合之美，斗智斗勇展示拼搏、永不言败精神，技战术精妙融合之美。

（一）竞技与对抗之美

排球是一项竞技运动，虽然是隔网对抗项目，但是并不影响其竞技性和对抗性。比赛中双方全力争胜，竞技性主要体现在比赛队员力量、高度、速度等方面。排球比赛双方没有身体对抗，要想获得比赛的胜利就必须掌握网上的主动，并且尽全力防止球落在本方的场区，因此其对抗性主要体现在网上进攻和拦网的争夺，以及进攻火力与防守能力的比拼等方面。

（二）个性与团队融合之美

排球比赛双方场上保持 6 名队员，每名队员都有自己的个性，同时这 6 名队员又组成了一个团队。根据分工的不同，场上 6 名队员担当不同的角色，有二传、接应二传、主攻、副攻、后排自由防守人。在比赛中，有的队员比较张扬，比如进攻队员；有的队员比较内敛，比如二传队员；有的队员比较顽强，比如后排自由防守人。这些性格各异的队员必须融合成一个整体性较强的团队，统一贯彻教练员的战术意图和全队的打法风格。比赛中，队员之间有分工，有合作，能力强的队员保护其他队员，互相帮助。因此，队员个性的展示和高度的团队融合成为观众十分关注的排球运动之美。

（三）斗智斗勇展示拼搏、永不言败精神

双方实力相当的排球比赛，决定胜负的因素除了技术、战术、体能、心理素质等，还有双方临场的发挥和作风等。双方在各自的场区通过精湛的技术实现事先的战术安排，一方面要抑制对方的进攻，另一方面要突破对方的防线。比赛就是这样一种抑制与被抑制，斗智斗勇的过程。在这一过程中，队员要根据场上的具体情况，选择合适的技战术，比如在对方拦网强的时候可以选择轻打、吊球，将球打到对方的空当区域，或者选择打手出界的战术，使球碰到对方拦网手之后落到界外。

排球运动在中国有着特殊的地位，女排“五连冠”时期的拼搏精神在我们心中烙上了深深的印记。1981 年世界杯上，中国男排在与韩国队比赛中，在先失 2 局的情况下连扳 3 局，反败为胜，男排永不言败的精神和顽强的作风使中国人民大受鼓舞，青年学生自发走上街头，喊出了“团结起来，振兴中华”的时代强音。

（四）技战术精妙融合之美

排球的技术环环相扣，也是实现战术的前提条件。发球是比赛的开始，也是进攻的开始，目的是直接得分或最大程度破坏对方的接发球质量。接发球是否到位，直接影响全队进攻战术的实施。接发球到位的情况下，二传队员能组织起预先制定的战术，不到位的情况下，大多数情况只能组织调整进攻。进攻战术的完成需要二传队员和进攻队员具备相应的组织能力和进攻能力。拦网是防守的第一道防线，要抑制对方的进攻就需要较好的拦网技术和配合，以及和后排防守队员的配合。好的防守是组织反击的基础。战术和技术之间的相适应性和相融合性也是排球运动的魅力之一。

二、排球运动的观赛礼仪

（一）赛前

赛前观众应提前入场，并配合场馆工作人员完成安全检查工作。进入观众席后，对号入座。在举行场地工作人员、裁判员、双方队员集体入场仪式时，观众应给予热烈的掌声。在双方队员进行准备活动时，如果球飞到看台上，观众应主动将球交给捡球员，而不是将球直接扔向场内。在介绍裁判员、运动员、教练员时，观众应报以热烈的掌声。对于有主队参加的比赛，要对客队报以同样热烈的掌声。

（二）赛中

将手机关机或者调到静音、振动状态。照相尽量不要开闪光灯。观看排球比赛时，观众应既有激情，又不失理智。要以欣赏比赛过程为主，保持良好的心态，不要过分看重比赛胜负。要为双方运动员加油助威，为双方运动员创造友好的比赛气氛。

观众应尽量配合现场主持人，为双方队员加油。观众应以热烈的掌声和欢呼回报局间啦啦队的助兴表演。观众一定要注意不能采取过激的行为，如抛掷物品、不文明语言、有侮辱性表示的手势。

观众应尊重裁判员，善待客队的支持者，避免引起球迷间的冲突。

（三）赛后

比赛结束后，观众应起立为运动员精彩的表现鼓掌，并按照现场主持人和工作人员提示有序地离开观众席。

第七章 排球运动生理卫生与健康常识

在排球运动中，常见的损伤主要有踝关节扭伤、膝关节损伤、腰部损伤、肩关节损伤、手指损伤。

一、踝关节扭伤

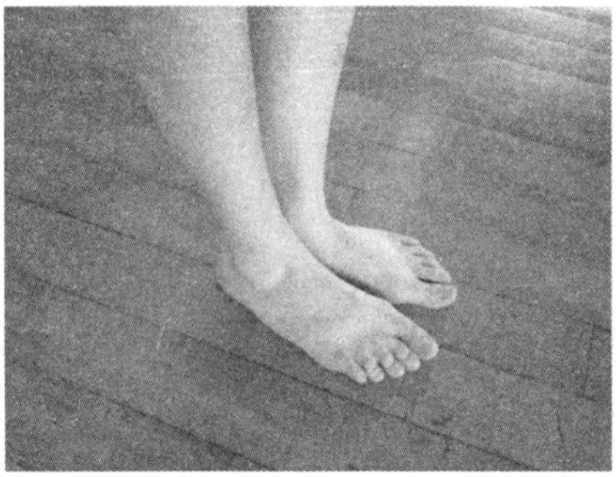

图 7－1　踝关节扭伤

在排球运动损伤中，踝关节损伤大约占了 1/2 的比例。这种损伤主要发生在以下 3 种情况：一是在拦网后落地，踩到同伴的脚或对方队员的脚；二是发生在二传队员传球太近网的情况下，进攻队员完成扣球后落地踩到对方的脚；三是后排防守队员在准备姿势不充分情况下突然起动，也容易引起踝关节损伤。

踝关节扭伤的预防主要有以下几个方面：第一，加强踝关节周围小肌肉群力量训练，能对踝关节起到一定的保护作用；第二，掌握正确的移动、起跳和落地技术，减小因技术而造成扭伤的可能性；第三，二传尽量少传近网球,进攻队员在必要的情况下应主动放弃扣近网球,以避免受伤;第四,利用绷带或专用护具作为踝关节的外部保护。

二、膝关节损伤

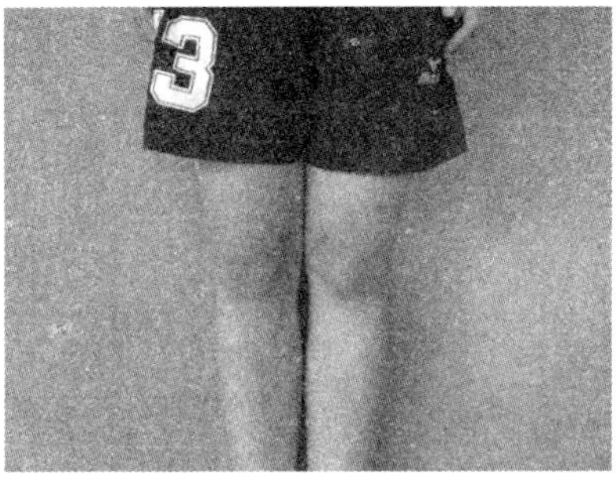

图 7-2　膝关节损伤

排球运动的扣球、拦网对运动员的跳跃能力和弹跳素质有较高的要求。过度的弹跳素质训练和比赛中高强度的起跳扣球、拦网动作,给膝关节带来过大的负荷,以及在训练和比赛中经常处于半蹲位,在膝关节不稳的情况下突然转体,膝关节过度旋转,这些都是膝关节损伤的主要因素。膝关节的损伤主要是髌韧带损伤、髌骨软骨病及半月板损伤。

膝关节损伤的预防主要有以下几方面:第一,注意避免过度的弹跳素质训练,提倡训练强度由小到大,控制练习频率;第二,注重训练和比赛后的放松和休息;第三,增强膝关节及下肢的稳定性。

三、腰部损伤

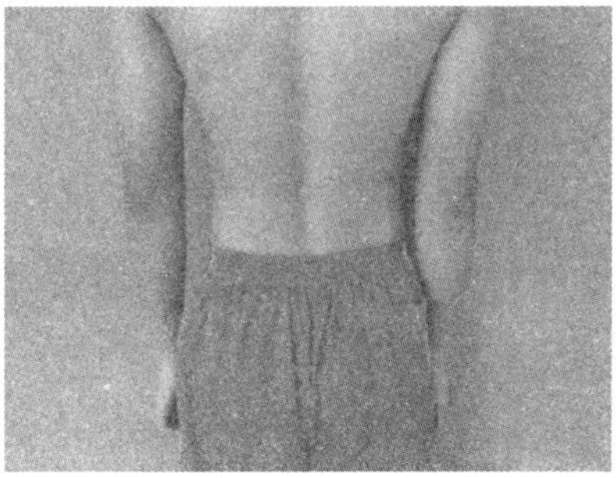

图 7-3　腰部损伤

腰部的损伤主要有拉伤和劳损。腰部或下背部肌肉拉伤主要是由于运动员在扣球动作中未保持好人球位置关系，躯干过度后仰再屈体发力，或空中背弓动作过大再屈体发力造成的。在倒地救球、滚翻和鱼跃救球动作中也容易引起腰部肌肉拉伤。腰部肌肉劳损主要由于过度训练，腰部肌肉长期处于疲劳状态而得不到放松引起的。

腰部的损伤的预防主要有以下几方面：第一，注意腰部肌肉力量的训练，使之能承受一定负荷；第二，注重训练和比赛后的放松，使腰部肌肉疲劳得到充分缓解；第三，掌握正确的扣球和救球技术，特别是保持好人球位置关系，对不同位置的球采用相应合理的技术。

四、肩关节损伤

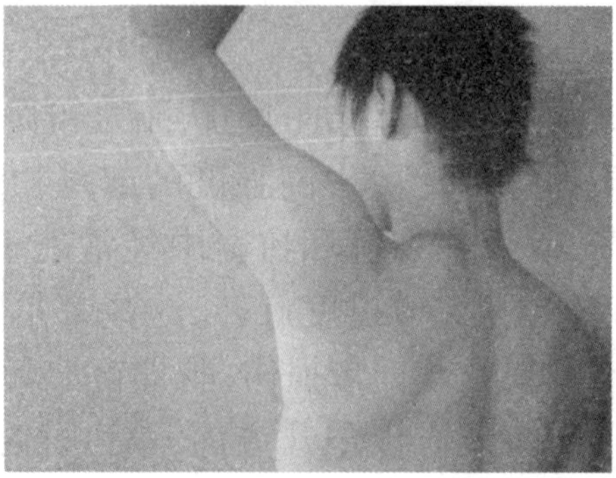

图 7－4 肩关节损伤

肩关节损伤主要是以肩袖损伤为主。肩关节损伤大部分是由于长期训练积累而成。主要原因是肩部负担量过大，肩外展、外旋、曲肘扣球过多造成的。在倒地救球过程中，也可能因为技术动作不规范，手直接撑地而造成肩关节损伤。在做幅度较大的动作中，肩关节由于柔韧性太差也会受到损伤。

肩关节损伤的预防主要有：第一，在加强肩关节力量训练的同时，要注意加强柔韧性练习；第二，在进行肩部练习之前，要进行充分的热身活动，这对预防肩关节损伤非常重要；第三，注意技术动作的规范性，尽可能减小肩部的负荷。

五、手指损伤

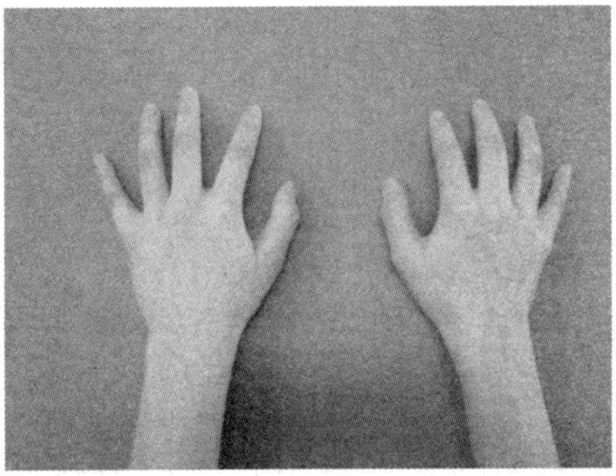

图 7－5　手指损伤

手指的损伤常见于初学者。手指的损伤主要是手指挫伤及指关节脱位。其主要原因是初学者对技术动作的掌握不熟练，特别是传球动作中大拇指向前的错误动作，以及拦网动作中手指向前，导致手指挫伤或指关节脱位。在应急情况下处理来球时也容易因技术运用不合理而造成手指损伤。

手指损伤的预防主要是要学会掌握规范的技术动作，特别是传球和拦网时手指的位置和指向。初学者使用的排球最好不要太硬。

第八章 排球运动竞赛组织与裁判工作

第一节 排球运动竞赛组织

竞赛制度是参赛各队间如何进行比赛的方法。选择正确的竞赛方法应该根据竞赛时间的长短、参赛队伍的数量和场地设施等情况来确定。一般排球比赛常用的竞赛制度有循环制、淘汰制、混合制。

一、循环制

循环制是参加竞赛的各队,在整个竞赛或在同一个小组中彼此都有相遇机会的赛制。这种赛制能较合理地确定参赛队的名次。

循环制又分为单循环、双循环和分组循环 3 种。

(一)单循环

单循环可以使每个参赛队彼此相遇,能够较合理地决定名次。一般是在参赛队不多、比赛时间充足的情况下采用。

1. 比赛的轮数和场数的计算

比赛轮数:参加比赛的队数为单数时,比赛轮数等于队数。如 7 个队参加比赛,即比赛轮数为 7 轮。参加比赛的队数为双数时,比赛轮数等于队数减 1。如 8 个队参加比赛,则比赛轮数为 7 轮。

比赛场数:单循环比赛的场数,可用下面的公式计算:

$$比赛场数 = \frac{队数(队数-1)}{2}$$

如 7 个队或 8 个队参加比赛,则比赛场数为:

$$\frac{7\times(7-1)}{2}=21(场) \qquad \frac{8\times(8-1)}{2}=28$$

2. 编排方法

贝格尔编排法:采用“贝格尔”编排法,编排时如果参赛队为双数时,把参赛队数分一半(参赛队为单数时,最后以“0”表示形成双数),前一半由1号开始,自上而下写在左边;后一半的数自下而上写在右边,然后用横线把相对的号数连接起来。这即是第一轮的比赛。

第二轮将第一轮右上角的编号(“0”或最大的一个代号数)移到左角上,第三轮又移到右角上,以此类推。即单数轮次时“0”或最大的一个代号在右上角,双数轮次时则在左上角。

每一轮的右下角的数字作为下一轮最上方和“0”或最大的一个代号数对应。然后逆时针转动依次增大并循环。

无论比赛队是单数还是双数,最后一轮时,必定是“0”或最大的一个代号在右上角,“1”在右下角。

表8－1　编排方法

第一轮	第二轮	第三轮	第四轮	第五轮	第六轮	第七轮
1－0	0－5	2－0	0－6	3－0	0－7	4－0
2－7	6－4	3－1	7－5	4－2	1－6	5－3
3－6	7－3	4－7	1－4	5－1	2－5	6－2
4－5	1－2	5－6	2－3	6－7	3－4	7－1

编排的序号一般抽签决定。也有按上届成绩取得的名次为代号。

3. 编排比赛日程

编排比赛日程要把代号换成队名,编排时必须编排出各队的比赛时间、场地安排、比赛场次。尽量保证在场地、时间及赛间的休息时间等方面达到各队大体上的平稳。

(二)双循环

双循环是每支参赛队相遇两次的比赛办法,一般使用于参赛队伍较少,为了更好地相互学习和锻炼机会时采用。它比单循环比赛场数多增加了一倍。编排方法和单循环一样。

(三)分组循环

参赛队伍比较多,而竞赛时间较短。为了合理地确定各队名次可采用分组循环的方法。先把个队伍平均分成若干组,在各小组内进行单循环比赛。然后把各组的优胜组或同名次组再一次单循环比赛,决出名次。

1. 分组办法

根据上届比赛成绩,采用蛇形编排法分组。如 16 个队。

表 8 –2　分组办法

组别	代号			
一	1	8	9	16
二	2	7	10	15
三	3	6	11	14
四	4	5	12	13

也可根据过去成绩和现在情况协商确定种子队,数目一般和组数相同。先抽签将种子队放入各组中,再抽签将各队放入各组。

2. 决赛阶段的比赛方法

以 16 个队参加比赛为例:

A. 将预赛各小组同名次的队编为一组,进行决赛。预赛各小组的第一名决 1 ~4 名;预赛各小组的第 2 名决 5 ~8 名,预赛各小组的第 3 名决 9 ~12 名;预赛各小组的第 4 名决 13 ~16 名。

B. 将预赛各小组 1、2 名划为一组,决定 1 ~8 名;将预赛各小组 3、4 名划为一组,决定 9 ~16 名。

C. 只将预赛前 1 名或前 2 名划为一组参加决赛,决定前 4 名或前 8 名,其他各队不再比赛。

D. 在预赛中已经相遇的队,决赛中不再比赛,将预赛成绩带入决赛。

(四)循环制的成绩计算和决定名次方法

①每队胜一场得 2 分,负一场得 1 分,弃权取消全部比赛成绩,积分多者名次列前。

②如遇两队或两队以上积分相等,则采用下列办法决定名次:

$\frac{\text{X 总得分数}}{\text{Y 总失分数}}$ = Z(值),Z 值高名次列前。

如果 Z 值相等,则采用下列方法决定名次:

$$\frac{A(\text{胜局总数})}{B(\text{负局总数})} = C(\text{值})$$,C 值高名次列前。

二、淘汰制

淘汰制就是在比赛中失败一次即退出比赛,获胜者继续比赛,直到最后决出冠亚军为止。淘汰制一般是在参加队数较多,而举行比赛期限较短时采用。

(一)单淘汰

①比赛轮数:如果参加的队数是 2 的乘方数时,则比赛轮数正好是以 2 为底的幂的指数。例如 8 个队参加比赛为三轮;16 个队参加比赛为四轮。

如果参加的队数不是 2 的乘方数,也就是说参加比赛的队数介于两个 2 的乘方数之间,则轮数是较大的一个 2 为底的幂的指数。例如 14 个队参加比赛,则按 16 个队的轮数来计算,为四轮。

②比赛场数:单淘汰比赛总场数等于参加队数减 1。例如 8 个队参加比赛,共 7 场。

(二)单淘汰比赛编排

①如果参赛队的队数是 2 的乘方数,开始比赛的第一天所在的队都进行比赛,没有轮空队。只要按照参加比赛的队数,每两队编排一组逐步进行淘汰即可。

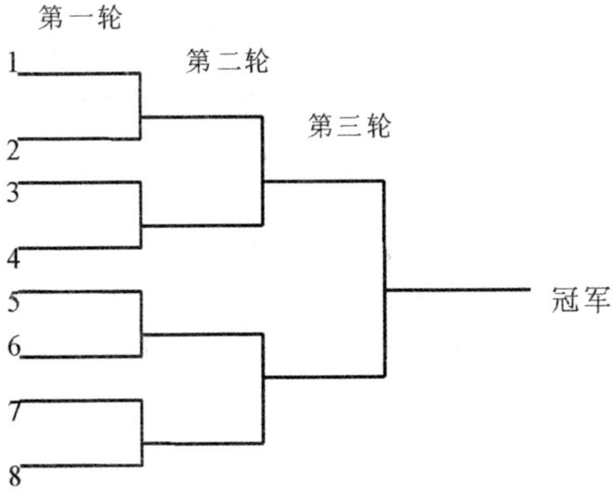

图 8-1　单淘汰比赛编排

②如果参加比赛的队数不是2的乘方数时，要根据参加队数，选择最接近的、较大的以2为底的幂的指数作为号码位置数，号码位置数减去参加队数即为轮空数，例如13个队参加比赛，应选用16个号码位置数，有3个队轮空。轮空队只能在第一轮中出现，不能在其他比赛轮次中出现。如有轮空队，应首先让强队轮空。

（三）单淘汰比赛日程

经过抽签排出号码位置后，可编出比赛日程。

三、混合制

一次竞赛中同时采用循环制和淘汰制，叫混合制。一般采用混合制，把竞赛分为两个阶段进行。前一阶段采用分组小组单循环，后一阶段采用淘汰制进行决赛；或者相反。

采用先分组循环后淘汰制的混合制比赛时，最好分成2组、4组、8组、16组进行分组循环，以便于以后编排淘汰制的比赛秩序表。

第二节　排球运动的主要规则

一、器材与设备

（一）比赛场地

①比赛场区为18米×9米的长方形。其四周至少要有3米宽的无障碍区。比赛场区上空的无障碍区空间至少7米高，其间不得有任何障碍物。

②所有界线宽度均为5厘米 。线的宽度包括在场地之内。

③两条发球区短线各长15厘米 ，与端线垂直并相距20厘米。两条发球区线之间为9米，发球区的深度延至无障碍区的终端。

④中线与进攻线之间为前场区，进攻线的边线两侧各画5个15厘米、宽5厘米、间隔20厘米的虚线，虚线总长度为1.75米。

⑤两条进攻线的延长线之间、记录台一侧边线外的范围为换人区。

⑥判罚区域位于控制区域内各端线的延长线后，放有两把椅子。其长宽各为1米，线宽5厘米，为红色。

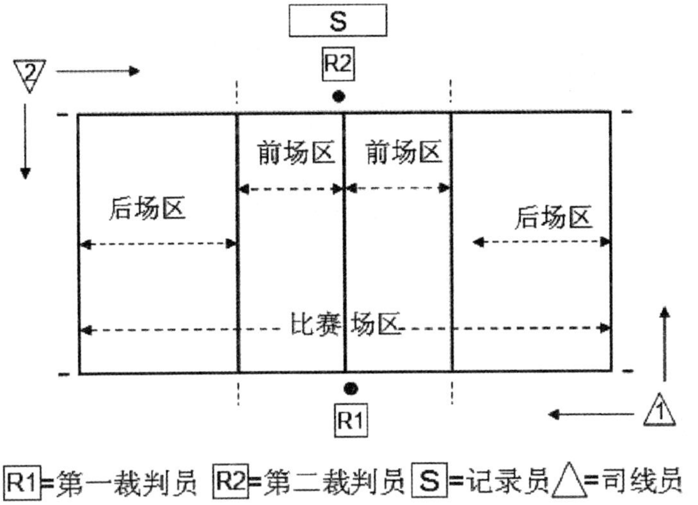

图8－2　比赛场地

（二）球网与球柱

①球网为黑色，长9.50～10米、宽1米，设在中线的中心线的上空垂直面上。球网的高度：正式比赛男子为2.43米，女子为2.24米；少年比赛男子网高一般为2.24～2.35米，女子网高为2.00～2.15米。球网的高度应从网中间丈量，使之符合规定的网高，然后在球网两端（边线垂直上空）丈量，高度必须相等，并不得超过规定网高2厘米。

②两条宽5厘米、长1米的白色布带为标志带，分别系在球网两端、垂直于边线。两条标志带应紧贴球网，并认为是球网的一部分。

③标志杆是长1.80米、直径10毫米、由玻璃纤维制作的有韧性的杆子。标志杆分别设置在标志带外沿球网的不同侧面，并高出网沿80厘米。标志杆每10厘米涂有红白相间的颜色。标志杆被认为是球网的一部分，并视为过网区的边界。

④两根网柱分别设在两条边线外0.5～1米处，高2.55米，最好可以调节高度。

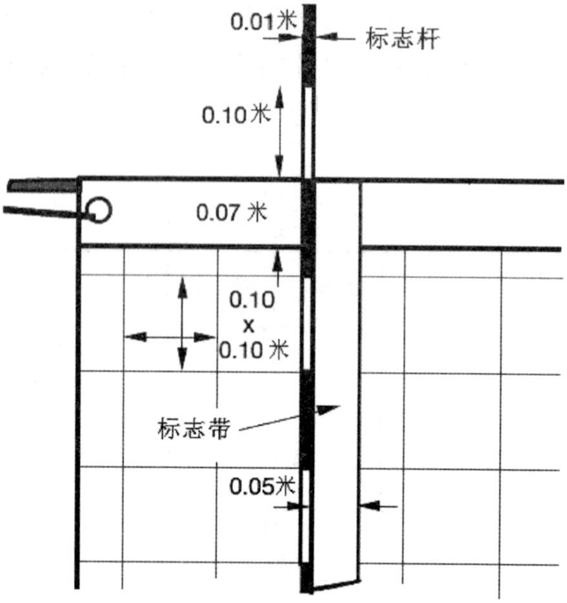

图 8－3　球网与球柱

（三）球

正式的比赛用球，应是一色的浅色或彩色。球的圆周应在 65～67 厘米之间，重量应在 260～280 克之间，气压应在 0.30～0.325 千克/平方厘米。比赛中的用球，其特性包括圆周、重量、气压、牌号及颜色等，都必须是统一标准的。

图 8－4　排球

二、比赛的参加者

一个队最多有 12 名队员组成，1 名教练员、1 名助理教练员、1 名训练师和 1 名医生。除后排自由防守队员外的一名队员为队长，队长在计分表上被注明。队员上衣必须有号码，序号为 1～18 号。队员禁止佩戴可能对运动员造成伤害及加力的物品。队员可以佩戴眼镜比赛，但风险自负。

三、比赛方法

（一）胜一分，胜一局和胜一场

比赛采用每球得分制，胜一球或胜一分。

比赛前 4 局以先得 25 分，并同时超过对方 2 分的队为胜一局。当比分为 24 ： 24 时，比赛继续进行至某队领先 2 分为胜一局（如 26 ： 24 ，27 ： 25 ）。决胜局以先得 15 分，并同时超过对方 2 分的队获胜，当比分为 14 ： 14 时，比赛继续进行至某队领先 2 分为止（如 16 ： 14 ，17 ： 15 ）。

正式比赛采用五局三胜制。

（二）比赛的组织

①抽签：比赛开始前由第一裁判员主持抽签，决定首先发球的队和场区。进行决胜局前应再次抽签，抽签由双方队长参加。

②准备活动：比赛开始前双方有 10 分钟使用球网活动时间。

③开始阵容：每个队必须始终保持 6 名队员进行比赛，队员的轮转次序应按照位置表登记的顺序进行，直至该局结束。

④位置：发球队员击球时双方队员必须在本场区内按轮转次序站位。靠近球网的 3 名队员为前排队员，其位置是 4 号位左、3 号位中、2 号位右，另外 3 名队员为后排队员，位置为 5 号位左、6 号位中、1 号位右。

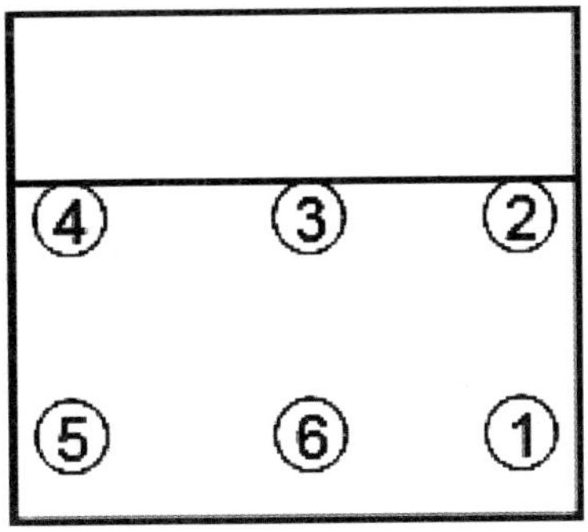

图 8 –5　比赛的位置

⑤轮转:发球队获得发球权后,该队队员必须按顺时针方向轮转一个位置:2 号位队员转至 1 号位发球,1 号位队员转至 6 号位等。

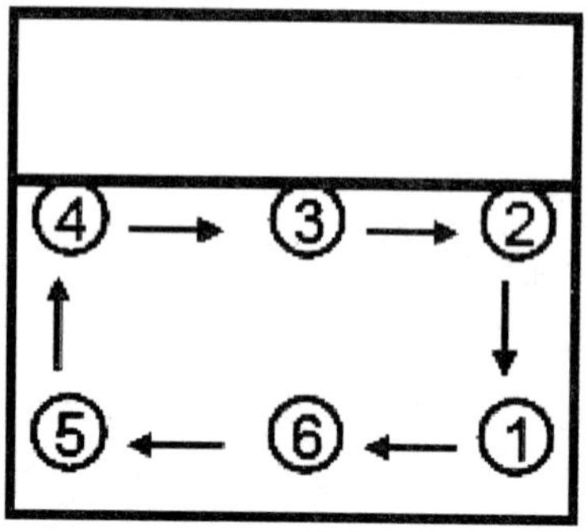

图 8 -6　轮转

⑥位置错误的判断:位置错误只有在发球队员击球一瞬间才有可能造成。队员场上的位置,应根据脚的着地部位来确定。应明确“同排”与“同列”的概念及位置关系。2 号、3 号、4 号和 1 号、5 号、6 号为同排队员;1 号、2 号,3 号、6 号, 4 号、5 号为同列队员。同排右边队员至少有一只脚的一部分比左边队员的双脚距离右侧边线更近(平行也不行);相反,同排左边队员至少有一只脚的一部分比右边队员的双脚距离左侧边线更近(平行也不行)。同列的前排队员一只脚某部分必须比同列后排队员的双脚距离中线更近(平行也不行)。违反了同排、同列的位置关系,就构成位置错误犯规。该队被判失一球,队员恢复到正确位置。

⑦轮转错误:没有按照轮转次序进行发球为轮转错误,应判该队失一球,队员的轮转次序被纠正。记录员应准确地确定其错误何时发生,从而取消该队自错误发生后的所有得分。对方得分仍有效。如不能确定则判该队失一球。

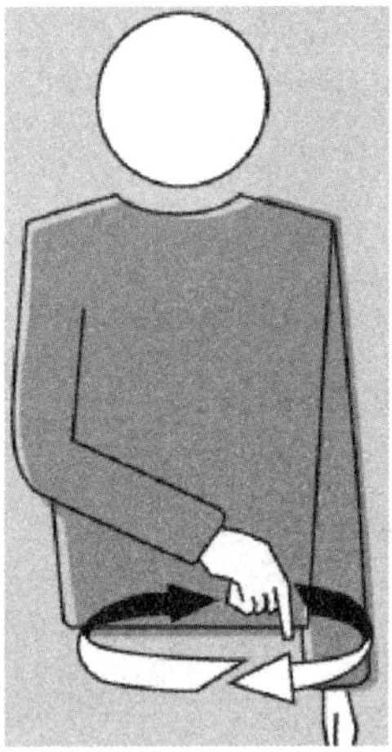

图 8－7　位置错误、轮转错误手势

四、比赛行为

1. 界内界外球

界内球：触及比赛场区的地面，包括界线，为界内球。

图 8－8　界内球手势

界外球：球接触地面的部分完全在界线以外；球触及场外物体、天花板或非场上比赛队员；球触及标志杆、网绳、网柱或球网标志带以外的部分;球的整体或部分从过网区以外过网;球的整体从网下空间穿过。

图 8－9　界外球手势

2. 比赛中的击球犯规

①持球:没有将球击出,造成接住或抛出。

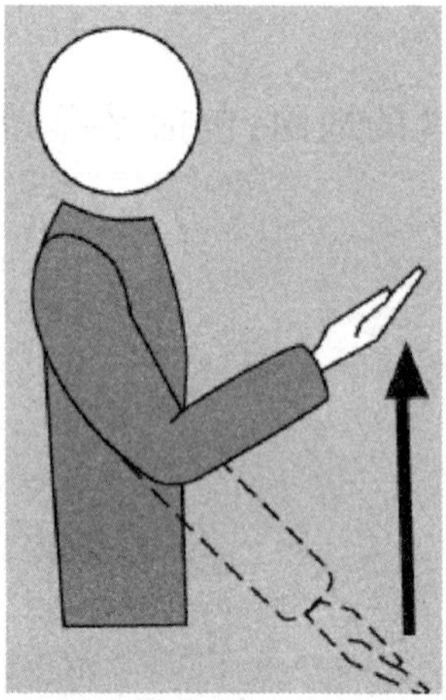

图 8－10　持球手势

②连击:一名队员连续击球或球连续触及身体的不同部位。但在第一次击球时,允许身体不同部位在同一击球动作中连续触球。在拦网动作中,同一队伍中的不同队员,在一个单一动作中可以连续触球。

图 8－11　连击手势

③四次击球：规则规定每队最多击球三次（拦网除外），第三次必须将球击过网进入对方场区。第四次击球即为犯规。

图 8－12　四次击球手势

④借助击球：队员有意借助同伴或任何物体去击球，为借助击球犯规。

⑤同时触球：同队的 2 名或 3 名的队员可以同时触球。同队的 2 名（或 3 名）队员同时触球时，应认为该队是两次（或三次）击球（拦网除外）。

3. 球网附近的犯规

①过网击球:在对方场区空间内击球为过网击球犯规。判断过网击球犯规的依据是击球点是否在对方场区空间。如击球点在本方场区上空,击球手随球过网是允许的,不判为过网击球犯规。

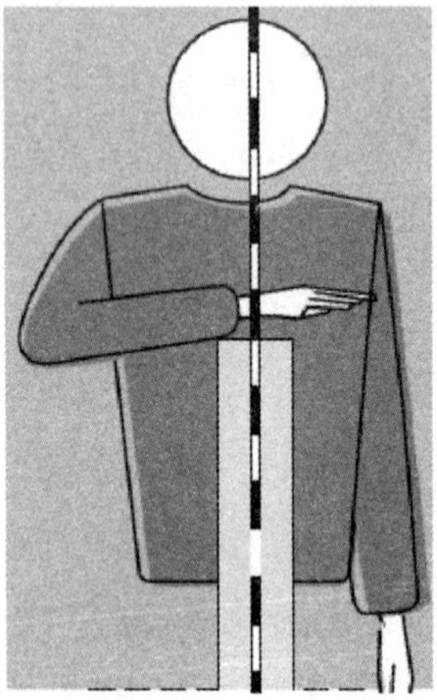

图 8 - 13　过网击球手势

②网下穿越进入对方空间:规则规定在不妨碍对方比赛的情况下允许队员在网下穿越进入对方空间。如妨碍了对方比赛即为犯规。比赛进行中,队员整个脚、手及身体任何部分越过中线触及对方场区时为过中线犯规。

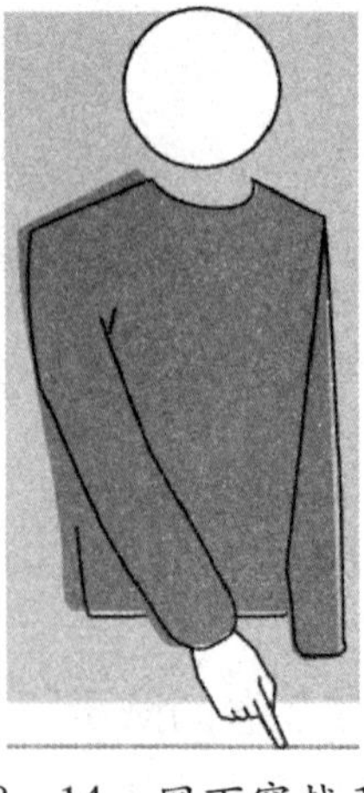

图 8 - 14　网下穿越手势

③触网:队员触网不是犯规,但击球时或干扰比赛的情况下除外。队员击球后,在不影响比赛的情况下,可以触及网柱、全网长以外的网绳或其他任何物体。由于球被击入球网而造成球网触及队员不算犯规。

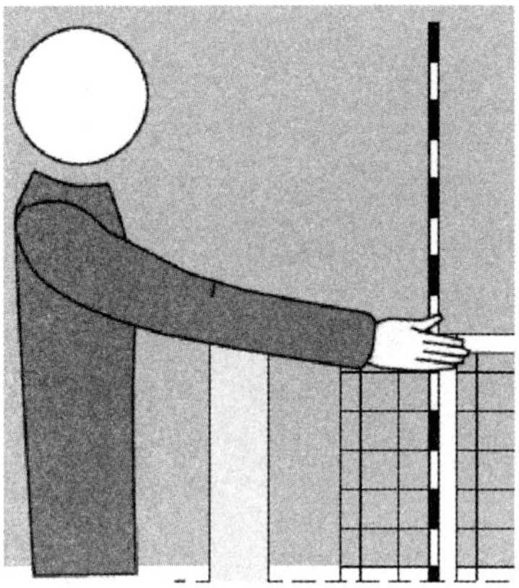

图 8－15 触网手势

4. 发球时的犯规

①发球次序错误:没有按照发球次序发球。

②在发球区外发球:发球队员在击球时踏及端线或踏出发球区短线(或延长线)视为发球区外发球犯规。

③发球延误:发球队员必须在第一裁判员鸣哨后 8 秒之内将球发出。超出 8 秒后发球,则为发球延误。

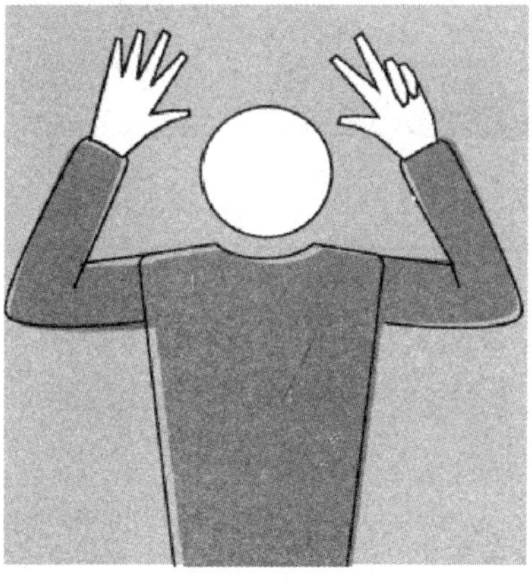

图 8－16 发球延误手势

④发球时未抛起：发球时球未抛起或未使球清楚离手就进行击球。

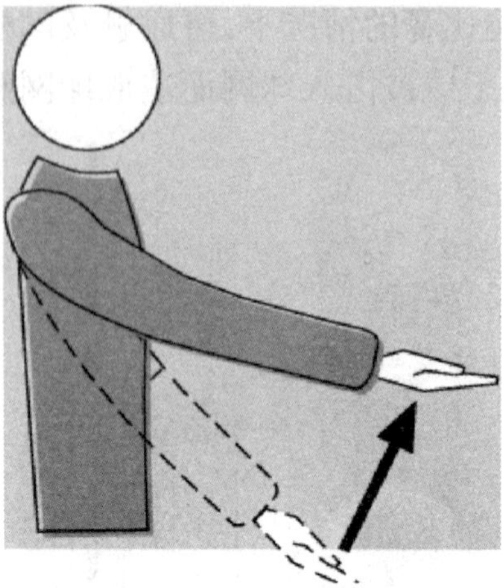

图 8－17　发球时球未抛起手势

⑤球触及发球队队员或球的整体没有从过网区通过球网垂直平面。

⑥界外球。

⑦球越过发球掩护。

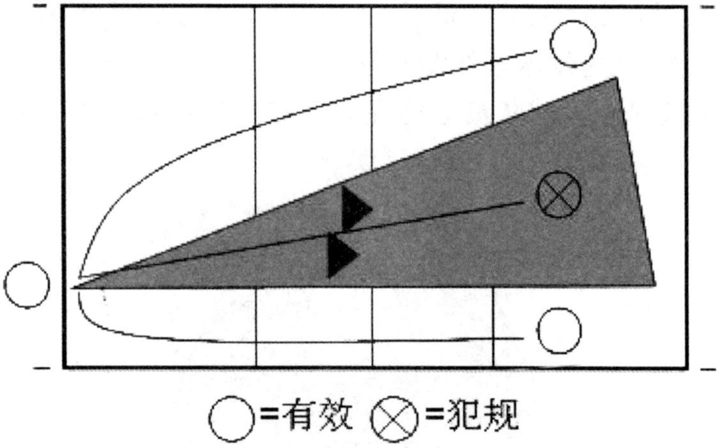

图 8－18　发球时的犯规

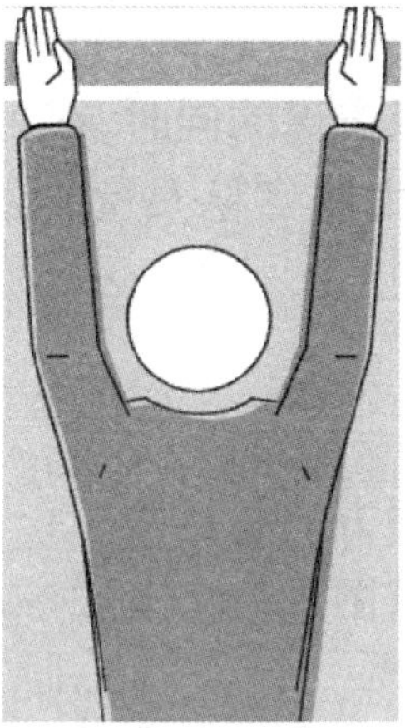

图 8－19　发球掩护手势

5. 进攻性击球的犯规

①在对方空间击球。

②击球出界。

③后排队员在前场区完成进攻性击球，并且击球时球的整体高于球网上沿。

④对处于前场区内高于球网上沿的对方发球完成进攻性击球。

⑤后排自由防守队员对高于球网上沿的球完成进攻性击球。

⑥队员在高于球网处，对同队后排自由防守队员在前场区用上手传的球完成进攻性击球。

图 8－20　后排进攻性击球犯规手势

6. 拦网犯规

①在对方进攻击球前或击球的同时,在对方空间完成拦网。

②后排队员或后排自由防守队员完成拦网或参加了完成拦网的集体。

③拦对方的发球。

④拦网出界。

⑤从标志杆以外伸入对方空间拦网。

⑥后排自由防守队员试图进行个人或参加集体拦网。

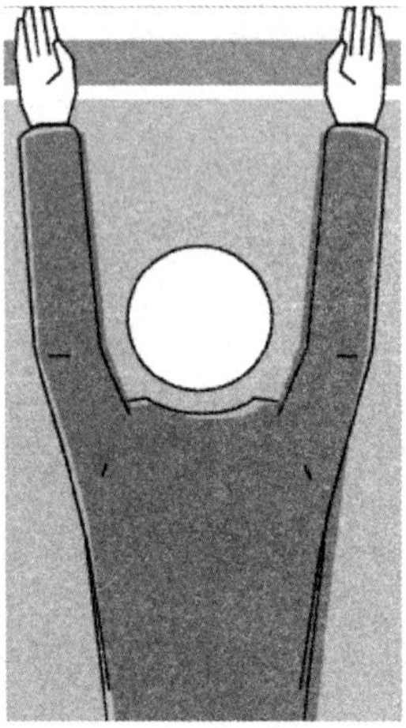

图 8－21　拦网犯规手势

五、比赛间断与延误比赛

(一)正常的间断次数

每局比赛中每队最多请求两次暂停和六人次换人。

(二)替补队员只能上场比赛一次,替换开始阵容的队员,而且他/她只能由被他/她替换下场的队员来替换

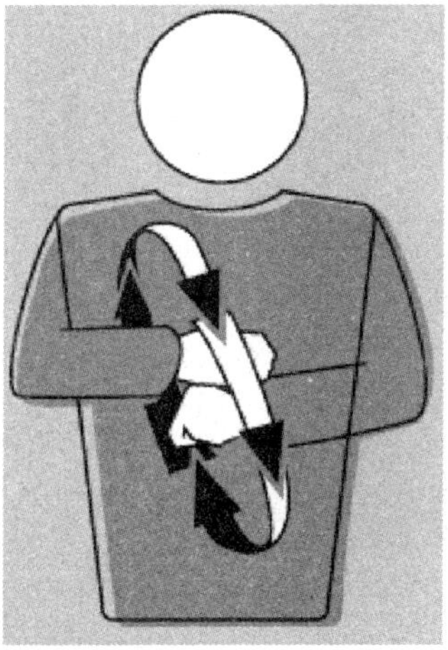

图 8－22　换人手势

图 8－23　暂停手势

（三）特殊换人

某一队员受伤不能继续比赛时（后排自由防守队员除外），必须进行合法的换人。如果不能合法换人时，可采用“特殊换人”。特殊换人时场外的任何队员除后排自由防守队员或由他/她替换下场的队员外，都可以替换受伤队员，但受伤队员不可在本场比赛中返回场上。在任何情况下，特殊换人都不作为换人的次数计算。

（四）延误比赛的类型

①延误换人时间。

②在裁判员鸣哨恢复比赛后，拖延暂停时间。

③请求不合法的换人。

④再次提出不符合规定的请求。

⑤球队成员拖延比赛的继续进行。

（五）对延误比赛的判罚

延误比赛的判罚针对全队全场有效。第一次延误比赛给予“延误警告”并拒绝请求。同队任何一名成员造成不论类型的第二次以及以后的延误比赛都给予“延误判罚”。

图 8－24　延误警告、延误判罚手势

（六）例外比赛的间断

①一次或数次间断时间不超过 4 小时。

如仍在原场地比赛，应在原比分、原队员和原场上位置的条件下继续进行比赛，保留已结束的各局的原比分。

如改在另外场地继续比赛，则未结束的一局比分取消，而以该局开始时间的原上场阵容及位置重新进行比赛，并保留已结束的各局比分。

②一次或数次间断时间超过 4 小时，则全场比赛重新开始。

六、后排自由防守队员要求

①后排自由防守队员不可以担任队长和场上队长。

②后排自由防守队员必须穿着有别于其他队员颜色的服装。

③后排自由防守队员可替换任一后排队员，但两次替换之间必须经过比赛过程。

④后排自由防守队员不允许发球、拦网。

⑤后排自由防守队员不可在任何位置上（包括场区和无障碍区）对高于网的球完成进攻性击球。

⑥后排自由防守队员如果在前场区用上手传球，其同伴不允许在高于球网处完成对该球的进攻性击球，但他可以在后场区自由传球。

⑦自由防守队员替换必须在比赛“死球”后，第一裁判员鸣哨允许发球前进行。

⑧经第一裁判员的同意，教练员或场上队长可指定任何一名队员替换受伤的后排自由防守队员，本场比赛中受伤的后排自由防守队员不可以再上场比赛。

七、参赛者的行为

轻微不良行为：不进行判罚，但裁判有责任用手势或口头通过场上队长给予警告。

粗鲁行为：违背道德准则和文明举止，或有侮辱性表示。

冒犯行为：诽谤或侮辱的言语或形态。

侵犯行为：人身侵犯或企图侵犯。

表 8－3　参赛者行为及判罚标准

种类	发生次数	违反者	判罚	判罚牌	结果
粗鲁行为	第一次	任一成员	判罚	黄	失一球
	第二次	同一成员	判罚出场	红	该局比赛离开场地坐在判罚区域内
	第三次	同一成员	取消比赛资格	红＋黄	该局比赛离开比赛控制区域
冒犯行为	第一次	任一成员	判罚出场	红	该局比赛离开场地坐在判罚区域内
	第二次	同一成员	取消比赛资格	红＋黄	该局比赛离开比赛控制区域
侵犯行为	第一次	任一成员	取消比赛资格	红＋黄	该局比赛离开比赛控制区域

图 8－25　粗鲁行为判罚

图 8－26　冒犯行为判罚

图 8－27　侵犯行为判罚

附录

专业词汇中英文对照表

Service 发球

Underhand Serve 下手发球

Overhand Spin Serve 上手发旋转球

Overhand Floater Serve 上手发飘球

Jump Serve 跳发球

Dig 垫球

Front Dig 正面垫球

Lateral Dig 侧垫球

Backward Dig 背垫

Stride Dig 跨步垫球

Sprawl Dig 前扑垫球

Rolling Dig 滚翻救球

Diving 鱼跃救球

Set 传球

Front Set 正面传球

Back Set 背传

Lateral Set 侧传

Jump Set 跳传

Quick Set 传快球

Adjusting Set 传调整球

Spike 扣球

Front Spike 正面扣球

Quick Spike 扣快球

Deep-set Spike 扣远网球

Adjusting-set Spike 扣调整球

Backcourt Spike 后排进攻

Block 拦网

One-man Block 单人拦网

Two-man Block 双人拦网

Three-man Block 三人拦网

参考文献

[1] 黄汉升.球类运动——排球[M].北京:高等教育出版社,2000.

[2] 虞重干.排球运动[M].北京:人民体育出版社,1999.

[3] 张然.排球技术、战术训练法[M].北京:人民体育出版社,1976.

[4] 钟秉枢.排球[M].北京:北京体育大学出版社,1998.

[5] 全国体育院校教材委员会.排球运动社[M].北京:人民体育出版社,1999.

[6] 徐利,钟秉枢.科学发展观视野下的排球运动科学探蹊[M].北京:北京体育大学出版社,2011.

[7] 田麦久.运动训练学[M].北京:人民体育出版社,2000.

[8] 少年儿童业余训练排球教材编写组.排球[M].北京:人民体育出版社,1979.

[9] 施达生.排球教学训练指导[M].北京:人民体育出版社,1995.

[10] 张力为.体育运动心理学研究进展[M].北京:高等教育出版社, 2000.

[11] 葛春林. 最新排球训练理论与实践[M].北京:人民体育出版社,2003.

[12] 中国排球协会.排球竞赛规则(2005—2008)[M].北京:人民体育出版社,2006.

[13] 吴兆祥.排球入门[M].合肥:安徽科学技术出版社,2009.

[14] 姚鹓芬.排球[M].北京:高等教育出版社,2004.

[15] 朱唯唯. 怎样打排球[M]. 苏州:苏州大学出版社,2007.

[16] 高等学校新世纪体育教材编写委员会.新世纪体育——排球[M].北京:高等教育出版社,2007.